AF297336

HENRI BARBUSSE

CE QUI FUT SERA

FLAMMARION

Ce qui fut sera 1629

15 SEPT 1930
DÉPOT LÉGAL
B.N. VOLUMES
Editeurs
A08103

LKS
2651

OUVRAGES D'HENRI BARBUSSE

POÉSIE

PLEUREUSES *.

ROMANS

LES SUPPLIANTS, *epuisé* *.
L'ENFER.
LE FEU *.
CLARTÉ *.
LES ENCHAINEMENTS (2 volumes) *.

NOUVELLES

NOUS AUTRES... *.
QUELQUES COINS DU CŒUR.
FORCE. L'AU-DELA. LE CRIEUR *.
FAITS DIVERS *.

ÉTUDES SOCIALES ET HISTORIQUES

PAROLES D'UN COMBATTANT, articles et discours *.
LA LUEUR DANS L'ABIME.
LE COUTEAU ENTRE LES DENTS.
LES BOURREAUX (La Terreur Blanche dans les Balkans) *.
JÉSUS *.
LES JUDAS DE JÉSUS *.
MANIFESTE AUX INTELLECTUELS (une plaquette).
VOICI CE QU'ON A FAIT DE LA GÉORGIE *.
RUSSIE *.

Les ouvrages dont les titres sont suivis du signe * ont été publiés par la Librairie Flammarion.

HENRI BARBUSSE

Ce qui fut sera

ERNEST FLAMMARION, ÉDITEUR

BIBLIOTHÈQUE NATIONALE · R.F. · IMPRIMÉS

Droits de traduction, d'adaptation et de reproduction
réservés pour tous les pays.
Copyright 1930,
by ERNEST FLAMMARION

NOTE DE L'AUTEUR

Les noms de personnes, de lieux et d'unités combattantes, qu'on trouvera dans ce résumé de la guerre dont toutes les parties sont authentiques, ont été modifiés à dessein.

H. B.

Soldat au 231e de ligne,
puis brancardier à ce même régiment,
puis secrétaire d'État-Major au 21e C. A.
(1914-1917.)

Ce qui fut sera

La lune s'était éteinte. La nuit s'étendait à mes pieds, et tout l'abîme noir sursautait d'éclairs sourds.

Après des heures étouffantes et lancinantes de machine à écrire, au Poste de Commandement sous la poire électrique écorchée à vif, j'avais lâché un instant ma besogne de scribe : par la petite porte du baraquement, je m'étais engouffré dans l'espace, et j'étais là, penché sur l'étendue nocturne, et rafraîchi par le vent infini. Des hauteurs de la butte de glaise qu'on appelait le Perron et où se dissimulait le Poste de Commandement du Corps d'Armée, je dominais sans la voir cette longue vallée du Clénarcisse parcourue d'un grondement spacieux et semée de météores.

Çà et là, à la lueur instantanée des obus ou des batteries aux flammes coupées, quelques points épars du couloir immense au bord duquel j'étais juché, apparaissaient, puis retombaient dans l'ombre : des fragments de l'horizon en un chaos tonitruant et blafard; et, parallèles à l'horizon, des tronçons polis de la rivière foudroyée au fond du gouffre; les vagues ossements d'une maison proche ou d'agglomérations lointaines, blanchis par les brusques clartés disparaissantes; et parfois les filaments phosphorescents d'un carrefour de routes, noyés ensuite dans les profondeurs avec une rumeur d'échos.

Par moments, une rafale ininterrompue roulait à l'horizon, et maintenait, quelques secondes, comme au cinématographe, un écran de pâles glaciers.

A gauche — à l'ouest, puisque j'étais au nord — des fusées appelaient les regards, et sifflaient. Les tiges, feuillues de feu, s'étiraient avec précipitation, se mêlaient, s'incurvaient, et jetaient à la volée leurs lustres d'étincelles rouges et vertes, ou laissaient aller le point bleu aveuglant de leur planète de magnésium environnée de mousselines belles comme le jour. Ce feu d'artifice silhouettait, en un portant de décor d'un noir intense, la rondeur du coteau de Mareilles occupé par le 33ᵉ Corps en liaison avec le nôtre. A l'autre bout du panorama, à l'est, vers le village de Girandes, un embrasement continu d'incendie rougeoyait au loin, confusément enraciné par des bases noires et qu'estompaient des fumées pommelées de rouge vif, sous les grands manteaux d'ombre incurvée qui se poursuivaient au ciel.

Les détonations — les unes légères dans la distance, les autres sonnant plus brutales et métalliques, — le vague écho martelé des feux follets et l'aboi des pans de clarté dont s'emplissait et

se vidait le ciel, ainsi que les larges
coups de pilon sourds de l'horizon,
étaient parfois couverts par le tumulte
proche des automobiles, l'écrasant rou-
lement des camions déchaînés autour du
Perron et de ma personne. Le Poste de
Commandement était le centre et le
moteur tourbillonnant d'une agitation
perpétuelle.

Un avion noyé dans les hauteurs s'ap-
procha puis s'éloigna, avec son éche-
veau de fracas, poursuivi par des con-
vois d'éclatements : on devinait la zone
où il se précipitait, à ces coups de poing
de lumière...

J'éprouvais, de tout mon cœur et de
toute mon imagination de jeune poète
la féerique grandeur de cette nuit de

guerre, cherchant par quelles images originales je pourrais rendre cette vaste illumination sonore des plaines et des vallées, en des poèmes qui surprendraient et émerveilleraient le bon public superstitieux de l'arrière.

※ ※ ※

Je connaissais à fond le secteur, depuis trois mois que je l'étudiais en ma qualité d'humble secrétaire à l'État-Major du Corps d'Armée. Bien que je ne m'y fusse jamais aventuré — ma présence continue étant indispensable au Poste de Commandement — j'en avais toute la géographie dans les yeux, et parmi les ténèbres fantastiques, je reconstruisais la charpente de la carte.

Tout le fond du paysage invisible que les lueurs du bombardement saisissaient puis lâchaient, n'en dévoilant que l'immensité, était occupé par l'ennemi. La rivière était à lui, ce qui communiquait un aspect mystérieux et terrible aux blêmes apparitions de son fantôme plat. Il me semblait que je discernais les deux grands silences bombardés des hommes : le silence allemand et le silence français. Je voyais distinctement la Séparation.

Mais à ce moment où je projetais avec des tâtonnements de visionnaire l'exactitude des signes topographiques dans l'étendue nocturne dérangée par le canon, plaquée de lueurs horizontales et de halos retentissants, sous les gestes blafards que traçaient au ciel de l'est à l'ouest, jusqu'au zénith, les coups de faux de la grosse artillerie — la ligne qui séparait cette vallée de ténèbres en deux moitiés tragiques n'était plus la vraie ligne; la face du secteur frappé par les nues était en train de changer :

Nous avions attaqué à minuit, au clair de lune. Le sort en était jeté : « Alea jacta est! » murmurai-je... Et, du socle de mon observatoire, en noble intellectuel que j'étais, je pensais un peu orgueilleusement à César. Nous avions progressé .

J'allais avoir des nouvelles. Je rentrai au Poste de Commandement.

Dans l'épaisse ténèbre que ne lavaient pas à fond les soudaines pâleurs ou les soudaines rousseurs de la voûte céleste —, les abords des constructions basses, centre de guerre de l'énorme secteur gisant dans tous les sens, étaient assiégés par une assemblée bruissante.

Des lueurs de cigarettes, comme des apparitions, tout d'un coup, sur la noirceur, photographiaient des figures à la sanguine, et les jets intempestifs des phares électriques de poche modelaient des groupes crayeux aux casques mouillés d'un reflet. Je pénétrai dans le P. C.

Une maigre salle de planches, basse, où un vif éclairage était placardé, et que chauffait fortement le feu roulant d'un poêle. Des stratifications de fu-

mée de tabac, et, le long de la paroi, des
capotes blêmes pendues par grappes
sous les casques d'ardoise, et agrémen-
tées de bracelets d'or, de libellules d'or,
et des pétales de géranium de la Légion
d'Honneur. Autour des tables chargées
de papier — la salle n'était meublée
que de papiers — les officiers du Premier Bureau, au complet, attendaient
les dépêches, levaient la tête ensemble
lorsque la porte s'ouvrait, et veillaient
héroïquement.

Le capitaine Fontanges brillait,
jeune, impatient et résolu, dans le coin
où l'électricité dorait sa chevelure
blonde, sa moustache française et ses
galons. A côté, un petit vieux en uniforme, au nez et à la barbiche pointus,

et dont le poil grisonnant avait une couleur commune de drap de confection : un avoué en rupture d'étude provinciale, lieutenant-rapporteur au Conseil de Guerre, détaché par suite d'affaires urgentes d'insubordination, du gros de l'État-Major qui était pour nous l'arrière, (et là-bas, de multiples liens galants enchaînaient ce vieux Don Juan, libéré sur le tard des murs conjugaux). A l'autre coin du local de sapin constellé de lampes, s'insérait la silhouette plate du lieutenant Lecto, un sec adolescent à lunettes, à épaules carrées et archaïques, à face glabre et grave (le brillant de ses lunettes lui donnait parfois l'air de sourire, mais ce n'était qu'une illusion), qui assurait conjoin-

tement avec le Deuxième Bureau, la sur-
veillance du moral. A côté de lui des
monceaux de lettres qui constituaient
le prélèvement sur la correspondance
des troupes ordonné par le G. Q. G.

Au fond de la salle, un étroit réduit
apparaissait à travers une porte re-
muante dont les vitres jetaient des moi-
rures barrées. Dans cette cabane-bureau
était l'homme qui tenait dans ses mains
l'action immense s'élargissant à des kilomètres à la ronde, le général commandant le Corps d'Armée. On voyait
dans la diaprure des vitres sa tête éner-
giquement équarrie, lorsque un geste la
dérouillait et la plaçait en lumière.
Devant lui, sur une tablette, étince-
laient les nickelures d'une sacoche et de

l'appareil téléphonique. Il causait avec des personnages qu'on discernait à certaines secondes, tout au moins par portions et placages dans l'excavation vitrée.

Parfois la porte d'entrée de notre salle, à l'autre bout, dans le coin d'ombre, se creusait, livrant passage à des êtres encore empaquetés de nuit, statufiés par le froid du dehors, qui s'arrêtaient éblouis sur le seuil, un papier à la main, puis s'avançaient, guidés par le planton, sur les longues lattes fléchissantes du parquet, faisant remuer tout l'ameublement et les locataires multicolores qui chargeaient la salle. Les officiers, comme un seul homme, les interrogeaient en paroles bousculées, et

ils répondaient en passant lorsqu'ils sa-
vaient répondre.

C'étaient des télégraphistes qui ap-
portaient des « pelures », des télépho-
nistes avec leurs messages, des hommes
de liaison avec des notes et des plis, des
officiers de tout rang et de tout service,
venus de l'Armée, des Divisions, de
l'Artillerie. Le sergent planton se le-
vait et introduisait les nouveaux venus
dans le sanctuaire du général. Celui-ci
saisissait son monocle qui pendait à côté
de ses croix, prenait connaissance du
papier. On le voyait dévisager l'envoyé, on entendait bourdonner et vi-
brer quelque interrogation, quelque ob-
servation. Le Chef d'État-Major grif-
fonnait sur une feuille de son bloc-

notes. Puis l'envoyé traversait dans l'autre sens le plancher à ressort de la morne salle, et disparaissait. Quelquefois le planton se précipitait à la porte d'entrée, parlementait quelques secondes, et un coureur partait dans la nuit.

Le téléphone retentit, et du dialogue monologué du général, il résultait que la fameuse mitrailleuse fantôme qui était dans « l'Échiquier » avait été repérée avant l'attaque par une patrouille de tirailleurs sénégalais : « Bravo, mes compliments, colonel ! Je suis bien content. Vous voyez qu'ils sont bons à quelque chose ! »

Après cet insignifiant incident, il y eut, cette grande nuit, une période de temps pendant laquelle le téléphone ne retentit pas, et où personne ne vint du dehors apporter les dépêches ou recevoir des ordres.

Là-bas, dans l'invisible et l'inconnu, les grandes choses s'accomplissaient et l'on ne percevait dans la cabane de bois que le tremblement continu des planches et des objets, en réponse aux détonations qui soufflaient au loin.

L'État-Major avait créé l'attaque : sa tâche était suspendue maintenant que l'action était engagée, que l'idée prenait corps dans la distance.

... Elle était là, sous nos yeux, sous nos mains, la tragédie qu'il s'agissait de déchaîner à la face du monde. Je me levai, m'approchai d'une lampe et d'une table solitaire, et je la vis.

Le plan en relief au cinq millième.

Cette minuscule construction — carré d'un mètre de côté environ, criblé de creux, de bosses, de signes, de couleurs, sous le quadrillage des cotes — c'était le microcosme du secteur. Cela transposait la réalité en la réduisant de vingt-cinq millions de fois en surface, et cent vingt-cinq milliards de fois en volume, et permettait d'embrasser totalement du regard sous le soleil d'une ampoule électrique, le champ d'action du Corps d'Armée. C'était là le résidu combiné et accumulé des rapports, des photographies, des croquis, des cartes, des notes des observateurs d'artillerie, d'aéroplanes ou de ballons, de patrouilles, des aveux de prisonniers.

Tout cela cristallisé au centre du commandement comme dans une tête. Ainsi, noyés comme nous l'étions dans l'infini noir, nos yeux s'ouvraient et voyaient tout.

La réduction vertigineusement petite qui nous montrait au plein jour de la lampe un carré de nature : le brouillement vert des bois, les rectangles des domaines, les parallélipipèdes des maisons et les cônes des églises, les routes comme des ficelles et les chemins comme des fils, nous initiait à la fois à tout le mécanisme et à toute l'envergure de la guerre.

Elle nous faisait voir, en avant de la cité de bois des services et des cantonnements d'arrière, le Perron où nous étions, le centre vital orné du fanion du C. A. d'où l'idée était née et avait jailli la foudre.

A partir de là se développait dans son impressionnante petitesse le territoire de guerre, le pays rayé : sept lignes de tranchées françaises jusqu'au cours parallèle du Clénarcisse — notre première ligne contournait, à gauche, le village de Vauxavènes, au milieu, celui de Saint-Trop qui tous deux étaient à nous, et coupait en deux le village vide de Girandes — et on voyait comme trois tirets, les trois ponts qu'on conservait en les épiant. Puis, de l'autre côté de la vallée, sept lignes de tranchées allemandes, dont nous connaissions la géométrie, sans cesse retouchée, aussi bien que celle de nos travaux, depuis la tranchée d'Odin jusqu'à celle de Bismarck.

L'objectif se traçait aux yeux : transporter là cette ligne d'épingles-drapeaux tricolores qui était ici. Problème de géométrie à résoudre avec les chiffres humains, après la réduction des calculs préliminaires. (Renforts, réserves, approvisionnements, munitions, mesures d'ordre, emploi du temps et détermination des buts et des paliers, préparation d'artillerie.) Le travail de l'infanterie était aux trois-quarts accompli : elle n'avait plus qu'à marcher.

Soudain, le chef apparut sur son seuil et vint au milieu de nous. Ceux qui dormaient se réveillèrent.

— Progression normale, messieurs !

Il continua :

— Les premiers objectifs ont été atteints. La seconde attaque commence dans une heure et demie.

Il se dirigea vers le plan en relief suivi par le piétinement de tous (et même, clopin-clopant, le vieux barbon d'officier rapporteur au Conseil de Guerre, la face mal dégrossie et mal déteinte du sommeil, larmoyante et fissurée). Il appela le chef du service topographique. Son index frôla le carton-pâte.

— La ligne ici, sergent, indiqua-t-il.

Sur cet ordre du Chef, le cartographe déplaça la ligne d'épingles-tricolores et la poussa contre la rivière. Nous suivions attentifs et sages comme des enfants, avec une sorte de solennel amusement, cette opération qui changeait le pays. Nous étions les aviateurs qui, prodigieusement, débouchaient — tout l'espace éclairé — à six cents mètres au-dessus de la carcasse organisée de la guerre.

Le général, bonhomme, cordial, continua :

— Nous avons avancé comme sur un damier. Quand la lune s'est couchée, le général Trembley a creusé deux tranchées dans les marais jusqu'à la limite. Indiquez-les ici, de deux coups de fusain. On s'est d'abord massé ici, comme c'était écrit. Le colonel Gaudy est arrivé, non sans peine, avec ses coloniaux à nettoyer cela. Du côté des marais, les choses n'ont pas été toutes seules. Nous nous sommes piqué les doigts à des réseaux intacts, et dans ce coin nous avons été pas mal canardés (la main du général dansait expressivement sur cette région). L'ennemi a noblement réagi, je tiens à lui rendre cette justice. Il y avait au triangle gamma, dans l'Échiquier, une mine non repérée. Nous le savions, du reste. Cette mine s'est déterrée quand elle a voulu, ce qui a causé du flottement dans les unités qui se sont trouvées là : c'est naturel et bien excusable. Les ponts ont été disloqués par nous pour couper la contre-attaque...

Et, avec l'ongle, le général arracha les trois ponts.

— L'ennemi a dû sacrifier un rideau de défense...

Un lieutenant en tenue de campagne qui venait d'entrer, salua et remit un pli :

— Mon général, une réclamation.

Le mot sonna mal.

— Qu'est-ce que c'est! dit le Chef d'État-Major, sourcils froncés, d'une voix cinglante.

Il ouvrit le pli. Les 75 ont tiré trop court et gêné la progression à la cote 4.

— Les maladroits! dit le général. C'est toujours la même histoire. Ce sacré Bedorez ne prend jamais assez de précautions. Jamais!

Il rédigea un ordre et le remit à l'officier qui fit demi-tour.

Il a tiré sa montre et semble jouer avec elle.

— Écoutez, messieurs! dit-il tout à coup. Le grand canon!

Quelques secondes de recueillement, et un grondement monstrueux s'arrache de l'immensité qui nous coudoie, et déferle comme si toute l'étendue était des ruines de fer. Le déplacement de l'air empoigne la baraque et la secoue jusqu'aux racines, et nous sommes bousculés les uns contre les autres, comme les prisonniers d'un camion monotone qui brusquement stoppe. Le grand canon! On pousse une exclamation, on est fiers de cette force qui vient de vous passer à travers les os.

La porte de la salle s'est ouverte toute seule, et un tumulte nourri d'artillerie s'y déverse avec le souffle de la nuit et du vent. C'est le barrage allemand. Il doit être formidable pour que d'ici on l'entende de la sorte. La porte se ferme. Le général a une voix d'un calme imperturbable dans la maison de planches ballottée au milieu des ténèbres sismiques et où brille le plan comme un monde astral.

— Il est trois heures et demie. L'action recommence à l'aube, à cinq heures. Nous déboucherons par trois estuaires — marquez un pont de bois en 273.06 — et reformerons de l'autre côté de la rivière nos quatre kilomètres de front.

Il indique les opérations qui vont se dérouler :

— A sept heures, nous serons ici.

Il fait le geste de pousser les lignes comme on pousse du doigt des pions, puis des rangées de pions. Sa main grande ouverte couvre un kilomètre sur le carré éblouissant. Puis le triomphateur dont la grandeur éclate à nos yeux à travers ce décor humble et banal, se dirige vers la porte. Avant de disparaître, il se retourne et salue, — sa couronne d'or scintillante.

Étendu sur le brancard, pour dormir un peu, malgré la bougeante fièvre d'enthousiasme, — je vois la salle désordonnée, le cercle des chefs dorés qui ont les yeux ouverts. On dirait quelque veille émouvante dans une salle de jeu ravagée par l'acharnement de ses hôtes autour de la table lignée et chiffrée rouge et noir, où roule la chance comme une chose.

Puis mes yeux se ferment et mes idées se brouillent. Je pense aux miens qui tremblent chaque jour pour mon existence, à la réussite de cette offensive qui va se parachever pendant que je dormirai, et aux décorations et à l'avancement qui récompenseront la part que nous y avons tous prise, moi comme les autres. Il ne m'arrive que la douceur et le bercement du fracas universel par lequel la victoire se forge un nouveau monde. Je suis heureux.

— Trachel !

L'appel du Chef d'État-Major m'a réveillé en sursaut : Deux plis à porter, l'un à l'observatoire B, l'autre au commandant d'un bataillon de chasseurs. C'est tout le secteur à parcourir.

Les lampes s'éteignent en ce moment, juste. C'est le petit jour. Une lueur livide coule des châssis étroits que la vapeur d'eau brouille et mouille. De l'obscurité est encore amoncelée comme de la terre dans les coins où s'immobilisent quelques formes épaisses adossées sur des chaises invisibles, ou bien accoudées sur les tables fantômes aux papiers morts. L'aube salit, en les net-

toyant confusément, les objets, les car-
rures qui s'étirent, des figures à demi
enlisées dans le noir.

Une main noire ouvre le léger cadre
de sapin d'un des soupiraux. L'air
froid de couleur grise refoule l'atmo-
sphère confite et l'odeur massive de tabac. Je discerne le manège métallique
et froid d'un spectre penché qui fouille
et vide, dans le ventre de la baraque, le
poêle éteint.

Je sors. Je vais voir toutes les choses
dont on a tant parlé.

❋ ❋ ❋

Dehors, j'ai une désillusion puérile :
moi qui dois tout voir, je ne vois rien.
La brume met sur le monde une cou-

verture. Seuls, au premier plan, apparaissent des personnages épais à carapaces obscurcies d'humidité, spongieuses et pleines de rosée, plantés sur le panorama fumeux. Là-bas, sous le volume du brouillard, un bruit de faubourg qui s'éveille — du murmure et du grondement, du tapement de charrette roulante. On est enfermé, rapetissé, on voudrait déchirer au loin ces ténèbres pâles.

Je pars droit vers l'avant.

J'arrive à la lisière d'un talus de route, que je longe. Une sentinelle est postée devant le trou d'un tunnel qui passe sous la route comme un égout. L'homme, en son lourd et large harnachement de campagne, qui fait comme un collier de cheval sur son cou, s’approche de ceux qui vont à l’avant ou qui en viennent, pour demander le mot de passe.

C’est un vétéran. Ses cuirs et sa face sont racornis. Sa capote est soignée par lui, mais salie par les pluies, les vents, les espaces et la durée.

Un capitaine d’État-Major passe là, se dirigeant vers l’arrière, et interpelle le bonhomme en réprimant un bâillement :

— Eh bien, mon ami, cela va-t-il comme tu veux?

Le pauvre soldat solitaire, le mendiant du mot de passe, fasciné par l’homme doré qui brille devant lui, répond seulement :

— Mon capitaine...

L'officier — sur sa figure se défait lentement la grimace du bâillement, et elle tourne au sourire, — porte la main sur la plaque ovale qui pend par une chaîne au poignet du soldat. Le bras obéit, se lève, et le soldat le regarde faire.

— Tiens, nous sommes de la même classe! s'écrie l'officier.

Il montre sous sa manchette sa propre plaque d'identité — un bijou qu'ajuste une gourmette d'or.

— Exactement du même âge, mon ami. Nous sommes pareils; deux réservistes de France!

— Ah, fait le soldat.

Et c'est qu'ils se ressemblent, malgré leur habillement! Sur ce coin de terre sale et dans l'air gris qui rôde dessus — boue terrestre et céleste — je suis frappé de leur ressemblance. Mêmes traits, même type, même stature. Mais le soldat a la figure plissée, toute grisonnante, marquée par la fatigue et je ne sais quelle flétrissure. Ses épaules sont voûtées — on dirait qu'il est le père de l'officier.

Il le regarde, l'œil rond, comme s'il n'avait jamais vu un gradé, et moi, arrivé à l'autre bout du tunnel, je me retourne pour le regarder, lui, dans le petit carré éclairé qui est le guichet du pays de la guerre, comme si je n'avais jamais vu un soldat.

Après, une campagne triste descend comme une grève. L'horizon, du côté de la guerre, est encore bouché d'ouate. La canonnade donne là-bas en masse; les foudres lointaines ne sont ici que d'amples ébranlements et défoncements d'air — étrange voix pneumatique et creuse, du canon, qui parle dans la chair.

Autour de moi, des débris de boîtes de conserves crevées, aux restes d'entrailles, des palissades trouées ou penchées par tronçons et formant d'obliques éventails, des pierres de taille qui ont tellement roulé qu'elles sont usées comme des galets.

Dans le flux et le reflux des relèves, l'écume de l'armée a échoué là, comme celle dont une ville bariole et incruste son cycle fade de terrains vagues. Ces champs de débris qui s'étendent aussi loin que la vue, c'est le seuil pourri de la guerre piétinante.

On voit que les trous d'obus ont été comblés, mais on marche sur des cailloux de fer.

C'est étrange : moi qui connais si bien les lieux, je ne m'y reconnais plus. Le dessin du plan général que j'ai dans la tête est gêné par tous ces détails apparaissants, par la présence grossie, interminable — trompeuse — de la réalité.

A travers ces champs rugueux qui ont perdu leur carnation, où la terre profonde a cessé de battre, personne de vivant. Je suis seul. Toute la vie s'est déplacée en avant.

※ ※ ※

Il ne faut plus marcher à découvert. L'orifice d'un terrier. C'est par là qu'on entre dans la tranchée, qui doit être le Boyau VII. Une échelle enterrée, très inclinée, me verse dans la pénombre, et je me trouve tout d'un coup au fond d'un couloir, serré entre deux hautes parois verticales de terre fraîche et raclée, et que bouche là-haut le ciel blanc.

Le boyau est profond. La terre neuve y a des aplombs géométriques de maçonnerie basanée. La frise festonnée de mottes d'herbes, tranchée à vif sur le noir de l'humus, court, en haut du mur friable, bien au-dessus de ma tête.

Là-dedans, la lumière du jour, déjà si chétive quand on la puisait au large du ciel, se voile; les quelques bruits du monde s'étouffent, et moi qui étais enfermé dans la brume, je suis enfermé dans la terre entr'ouverte.

Le corridor est foré en demi-cercles successifs ajustés en sens contraire (Ah! ah! je retrouve la ligne ondulée du Plan Directeur), de sorte que la marche y est presque un va-et-vient. La terre énorme se masse à la fois à côté de moi et devant moi, et chaque détour m'emprisonne. Le boyau est si étroit que lorsque je heurte quelque assise de cailloux qui renfle une des parois de la nature, ou quelque brusque souche à la rouille grumeleuse d'où pendent des filaments, je suis rejeté contre l'autre paroi; et j'ai bientôt les épaules plaquées de terre.

Sur la chaussée dure comme du pavé, deux sillons continus sont creusés : c'est la trace des pieds droits et des pieds gauches des hommes qui ont passé là; mes souliers se prennent dans ces rails. Mes mains trouvent le long des deux murs jaunes une éraflure sans fin, et je comprends que c'est le frottement de la toile — de la peau — des musettes qui l'a faite : le boyau est moins large qu'un soldat et il faut qu'à chaque pas l'homme s'arrache de l'étau.

Tout est désert dans ce bas-fond où ont roulé des régiments. Je ne vois plus que la bande du plafond d'espace qui me suit, que ces murs de couloir que je traîne, que ces tournants qui s'emparent de mon corps, et que ce piétinement désert de multitude qui peuple la fosse. Rien que l'odeur épaisse de terre dont je suis saturé dans la pénombre ocreuse, rien que le bruit de mes pieds qui suivent de loin, émiettés dans l'immensité, l'avancée des hommes.

Je marche longtemps. Je croyais que j'allais voir ou entrevoir la bataille. Rien.

Soudain, à droite et à gauche, une large ouverture m'éclaire. C'est notre dernière ligne, que je m'imaginais avoir dépassée depuis longtemps dans ces circuits perpétuels qui brouillent le temps et l'espace.

Elle gît de chaque côté du boyau, très évasée, ruineuse et abandonnée. On n'en voit que les commencements, interceptés par des tournants. Quelques abris béants, tels des huttes de bûcherons, s'enfouissent dans le remblai triste que piquettent des touffes de paille. Sur la terre moisie des versants l'herbe est blanchie. Il y traîne de vieux équipements minéralisés, des débris et des chiffons, des amoncellements de bois mort ou d'armes cassées et une bassine qu'a rongée et percée la longueur des jours. Il n'y a pas âme qui

vive dans cette pâle vallée d'écrase-
ment, de souillure et de désordre dont
le souffle s'est ouvert un instant à moi,
des deux côtés.

Déconcerté par la monotonie du
boyau qui mutile l'espace et tue le
bruit, changé peu à peu en une chose
lasse de rouler parmi l'éternel vide qui
tourne, je débouche enfin dans la tranchée d'Alsace. C'est là qu'est l'observatoire B, et je m'engage dans la parallèle.

Tout y est cassé, crevé, teint d'une
espèce de soir. Elle s'incruste le long
d'un ancien chemin vicinal : Je me souviens que je le savais par les cartes, en
voyant saillir à la hauteur de ma tête
l'agglomérat du moellon scié et fra-

cassé par le creusement de la tranchée. Mais je ne reconnais rien de ce que je connais ! Et puis je suis étonné d'apprendre, par l'intensité déchiquetée de son empierrage, que ce petit chemin de rien était plus puissant que je ne l'imaginais en le suivant du doigt.

Le fossé est creux : on ne voit rien au delà des décombres obscurs qui le bornent, que le fleuve sans fin du ciel. On marche difficultueusement sur des rondins et des planches qui empêchent le fond de se liquéfier, ou sur le terreau mou des éboulements récents qui tuméfient cette voie de démolitions. La main tâtonne et prend appui sur des pierres ou des moignons de bois. Tout cela est mouillé par de la pluie noire.

Cette tranchée s'étend presque en ligne droite. Des casques y remuent, des pas la martèlent, des voix y vibrent. Mais ce n'est là qu'une maigre agitation qui contraste plus encore que le désert, avec les grands événements. Deux soldats s'avancent de mon côté, montant et descendant d'épave en épave, l'arme à la bretelle et les bras écartés, les yeux fixés sur la place où s'abattent leurs pieds. L'observatoire a été aménagé dans un mamelon qui boursoufle la plaine à cet endroit. Interrogé au moment où nous nous affrontions, un des soldats me désigne du pouce un encombrement troué au centre, et dit : « C'est là. »

Une sape raide, étranglée, que soutiennent des vertèbres de bois noyées dans la terre grasse, et c'est une cabine basse qu'éclaire une meurtrière étroite fendue en largeur — comme si le couvercle du plafond était soulevé d'un seul côté. Une table, un banc, un homme assis, un homme debout — tous deux à contre-jour du hublot rectiligne, sont obscurs et cernés d'un trait lumineux.

Un des hommes, un lieutenant d'artillerie, prend mon pli, le lit, me dit que la communication a été rétablie et que le nécessaire vient d'être fait. Il écrit cela sur un papier qu'il me donne, puis il me dit :

— Venez jeter un coup d'œil sur la bataille.

✻ ✻ ✻

Je me suis approché de la déchirure de lumière, et, tout à coup, du fond de ce phare enterré, j'ai tout revu! J'ai revu le vertige des immenses campagnes rapetissées, comme du haut des plates-formes d'un monument...

J'ai retrouvé la distance que j'avais perdue au milieu des choses. Devant moi, par-dessus les herbes grossies et troubles qui silhouettent près de l'œil le rebord de la profonde meurtrière, s'allonge l'image réelle du Plan Directeur. Mais le Plan Directeur ne remue pas, et ici, dans le large abîme horizontal, il y a du mouvement qui passe...

Je me penche pour mieux voir, pour être partout.

Ce sont les tranchées soulignées par les affleurements fauves et blanchâtres, tigrés, des déblais, et que leur longueur écrase — ce tracé chirurgical de cité d'enfer qui fouille les campagnes... Ce sont les trois villages à travers les plantations de bâtonnets couleur chair ou charbonneux : successivement, de l'ouest à l'est, les tas de toits rouges et bleus, les murs de carton demi-roussi de Vauxavènes, de Saint-Trop (on voit des trous d'épingles dans son église, et les côtes à nu d'une tour), puis de Girandes, dont l'amas est plus pâle et plus empâté que les autres. La zone assombrie du rivage, la ligne liquide du

Clénarcisse. L'Échiquier et ses terrains clôturés en alvéoles par le cordonnet blanc des murs bas. Appliqué sur la déclivité pelée et frottée de vert, le lignage enfoncé des tranchées allemandes perpendiculairement strié de boyaux, essaye de se cacher et se montre, raie par raie, sur cette page colorée à la fuite vertigineuse. Au fond, la cote 36, dernière onde de l'éloignement, longue île nuageuse à l'horizon.

En bas — à trois cents mètres environ, car l'entablement un peu relevé de la meurtrière herbue empêche de voir de plus près — une batterie fuse, lueur sourde en plein jour, comme celle d'un briquet éraillant la plaine. D'autres éclats instantanés rougeoient. Le lieutenant me passe des jumelles, en accole à ses yeux, et je promène sur la grande fuite des choses, au caprice dansant de mes mains, un cercle clair de microscope.

Une chaîne serpente dans un boyau perpendiculaire aux lignes; de l'infanterie casquée. Dans un boyau voisin, un déplacement en sens contraire — une relève descendante — semble faire contre-poids. Dans les parallèles, on perçoit devant l'écran mince des talus, (pastel brun souligné d'encre), des chapelets perlés qui se traînent en mouvement uniforme et attaché. Sur le flanc des hauteurs, cet alignement qu'on prend pour des buissons morts, — le

premier regard n'a pas le temps de les
faire mouvoir — ce sont des sections :
les aiguilles qui terminent les fusils
brillent au soleil par éclairs et par ger-
bes; et jusque dans la vésicule de ce
poste d'écoute au bout de ce conduit
creux, une escouade, pelote d'aiguilles.
Un pullulement monte et descend et
trace de vagues ramages mouvants dans
un carré. Ce carré se nettoie aux yeux
lorsqu'on l'inscrit dans le cercle de précision. Là, il y a de toutes petites choses
qui avancent et reculent, qu'on tire, des
lilliputiens acharnés autour de joujoux.
On les voit se dépêcher de toute la vitesse de leurs jambes minuscules. Ils se
dispersent, puis se reforment, s'addi-
tionnent.

— Ils y vont joyeusement, hein, nos petits artilleurs !

Parfois leur pétulance se ralentit, on ne sait pourquoi ; on ne comprend pas ce qu'ils font, et cela est énervant. On voudrait leur donner une chiquenaude avec sa volonté.

À mesure que le regard perfectionné se porte vers l'horizon, il ne saisit plus dans la grandeur nue, dans la pâleur du silence, que des lignes descendantes de fourmis, puis quelques points d'encre, des traînées organiques par moments interceptées au regard, et dont on perd le mouvement et la signification.

Une sorte de poussière grisée s'égrène par plaques sur les parties su-

périeures du plan que la distance ni-
velle et neutralise. D'ici, on ne voit pas
bouger ces superficies. Pourtant, quand
on les regarde à nouveau, au bout d'un
instant, on voit qu'elles ont glissé
comme l'ombre d'un nuage sur la
terre.

Je contemple avec curiosité cette vi-
bration éparse qui se révèle dans les
veines ouvertes et les entrailles du secteur. Je ne suis pas habitué à voir du
remuement sur les ensembles des choses, je n'ai jamais vu que des cartes dé-
sertes, des cimetières d'encre.

Accoudé contre moi, l'observateur
m'explique la forme de l'opération.
Quand il avance la tête il me cache la
moitié du monde.

— Nous avons pris quatre tranchées : une, deux, trois, quatre — jusque-là. Mais sur la droite, au Tourniquet, l'avance s'est trouvée enrayée plusieurs heures — par la richesse des moyens de défense...

« On a dépêché des renforts, et c'est le redressement de l'offensive qui s'accomplit... Le mouvement s'accentue, vous voyez ! — et le jeune homme parle d'une voix plus vibrante, plus fiévreuse, — vous les voyez arriver des deux côtés sur les pentes, vous les voyez, vous les voyez ? Ils ne cessent pas de sortir de terre ! »

L'ampleur des événements se dessine aux yeux là-bas sur la carte en relief. On démêle à peu près la double tempête qui lâche son chaos bas entre les horizons, et qui a des poussées dissimulées de maladie : on ne voit pas les hommes qui sourdent des crevasses et s'étendent doucement, mais on voit les nuées piquées d'étincelles qui dominent leurs alignements. Ces éboulements de nuages se déploient régulièrement, en étendards, sur les formations. On ne voit pas les hommes, mais on voit les orages qui les enveloppent, les montagnes tombant du ciel sur eux, on voit le vent maléfique qui les pousse et les repousse.

— Ils doivent avoir un barrage terrible, là, du côté du cimetière boche — ces plates-bandes. Tout ce grondement qu'on entend, et la grêle fine de la fu-

sillade... Écoutez bien! Entendez-
vous?

C'est le corps d'armée tout entier qui
est là. Naturellement, tous les points
de sang sont trop ténus et trop nombreux pour qu'on puisse penser à chacun d'eux; même lorsqu'on les voit, ils
pèsent trop peu au regard, ils sont fantômes par la petitesse. On est captivé
au-dessus d'eux par le problème de
leurs masses, par les chiffres percepti-
bles, par les avalanches qu'ils attirent
sur eux. Il y a un prodigieux intérêt à
dominer les phases de cette géométrie
terrestre qui se combine, s'ajuste tant
bien que mal sous les fumées attroupées
et scintillantes du ciel, à travers l'immensité où se noie le fracas et que l'in-

cendie déchaîné au loin ne réchauffe
pas.

— Il y en a eu des barrages! s'écrie
l'observateur avec une bizarre exalta-
tion qui fait luire ses yeux et frémir sa
voix… (On dirait qu'il récite comme un
acteur et je vois son profil distingué au
long nez mince, en ombre chinoise sur
la clarté grumeleuse)… Nous en avons
vu depuis minuit, se poser partout ! Si
vous aviez vu! La nuit, la fumée se
change en flammes comme dans la Bi-
ble. Mais, affolés, les Boches se sont
surtout acharnés à barrer la plaine de
Vancouvert, à droite de Girandes, vers
l'extrémité du secteur. Ils se sont trompés! Il n'y avait là que quelques unités!

Ainsi l'action se reconstitue dans la

sérénité presque immobile et presque muette de la grandeur. Comme la fatalité sous les événements, on discerne le plan souverain : les convergences, l'unité, la pensée du général. Ces campagnes mornes, si paisibles au premier coup d'œil, sont travaillées d'une vaste et violente harmonie. C'est cela la bataille, c'est cela la victoire. Je reprends possession de ce monde et je suis de nouveau posé au sommet de la guerre comme un géant.

$$* \quad * \quad *$$

Il me faut repartir pour accomplir ma mission.

Je rentre dans la tranchée puis dans

le boyau, et c'est la fin du monde extérieur. Le secret de l'ensemble arraché un instant de la fissure illimitée de l'observatoire, se rompt par morceaux, et se dissipe. A la remorque des armées qui passèrent ici, je marche, éraflant le double mur, forçat de la longueur.

※ ※ ※

J'arrive enfin à des hommes! Ils sont arrêtés le long du boyau élargi. Je les espérais. Je me dis : les voilà.

Mais non, ce ne sont pas eux. Ce ne sont pas des combattants. C'est une des équipes de territoriaux qui refont les tranchées. Ils travaillent, profondément mêlés au sol. Ici le terrain est calcaire sous la couche noire de l'humus et ces hommes sont à la fois plâtreux et charbonneux.

Ces laboureurs de la guerre portent le poids de l'architecture et de l'ordre où j'ai passé : ce sont les auteurs de ces murs volumineux et fragiles qui glissent si facilement en ruines. Ils poussent avec leurs mains, avec leurs forces qui doivent renaître sans cesse, de chaque côté de leur voie, les collines retombantes.

Tous ceux qui ont bâti n'ont-ils pas élevé des collines retombantes, depuis les bâtisseurs de la chaîne de tombeaux aigus du Delta!

Après ceux qui soulèvent le sable, le fossé est moins profond, plus inégal, barré de clartés redoutables. Par-dessus

les assises murales que font les silex du
terrain crétacé, les talus sont échancrés.
Par moments, la tête affleure presque
au bord du monde!

z z z

Un bruit massif de piétinement vient
vers moi. Deux brancardiers enchaînés,
en bloc chancelant, surgissent. Leurs
quatre bras et leurs quatre jambes se
durcissent à porter un mort dans une
civière. Je m'applique sur la paroi pour
leur laisser la place. Je les vois passer
cramponnés aux bois du brancard em-
mailloté d'une toile de tente que du
sang humecte en dessous et colle
comme une peau, et qui me frotte. Les
porteurs ne me regardent pas. Ils avan-

cent pesamment, blêmes comme des aveugles à la face flottante, noyée et mouillée, l'organisme tout machiné d'un souffle rauque, tirés et tirant de toutes leurs forces. On suit des yeux leur dos que disloque le poids formidable de leurs poignets crispés. Au tournant, ils sont obligés de soulever à la hauteur de leurs têtes, jusqu'à la stratification où le boyau est plus large, leur grand chargement pâle qu'ils font tanguer et qui les bouscule. Un tournant les montre, un tournant les efface, mais on les entend gronder.

Je vois, j'éprouve dans mes jointures, l'effort presque surhumain qu'il faut pour porter un corps humain, fardeau terrible que multiplie si vite la distance,

à travers ces catacombes béantes. Je de-
vine combien il faut peu de minutes à
des porteurs pour atteindre le bout de
l'effort naturel. Et je songe tout à coup
que, plus loin, dans les tournants si
étroits et si profonds du boyau refait, les
brancardiers seront pris au piège et que
le pauvre monstre qui s'accroche à eux
et lutte contre leur volonté, ne passera
que s'ils le mettent debout comme eux.
Mais deux hommes, même désespérés,
ne sont pas assez forts pour en porter
un ainsi, et les crevasses sont trop
strictement murées pour qu'on puisse y
porter un brancard à plus de deux...
Quant à monter plus haut, dans l'air —
si on respire cela, on est foudroyé.
Alors, le bruit encore perceptible de

leur marche, de leurs exclamations
sourdes qui cahotent et s'en vont, fait
en moi une résonance d'enfer! La force
d'un mort, un seul mort, un seul
homme, une unité... Tout à l'heure,
j'ai vu que cela n'est qu'un point. Les
hommes, chaque homme...

✶ ✶ ✶

Il est dix heures. Il y a deux heures
et demie que je suis entré dans la terre
bestiale, que je marche au fond de la
rue sans formes et sans figures.

Je m'hypnotise à voir les tournants
se préparer toujours à me happer, à
voir, au-dessus de moi, se joindre et
s'écarter sans cesse les lignes courbes

que silhouettent les bords du trou éternel. L'étau est si étroit, que les parois finissent, semble-t-il, par se toucher, et ne me livrer passage qu'à mesure. La lourdeur des murs ne me lâche plus, s'appuie sur mes épaules, me serre le cou, m'écrase. Le calme épais m'asphyxie comme de l'eau. La vision se brouille, se renverse : on va à l'envers dans le long trou du ciel.

Je ne sais pas, je ne sais rien. Je parlais sans savoir lorsque je parlais des tranchées. Est-ce que je me doutais que leur inertie même est déséquilibrée et affolante ! C'est le réseau de routes tentaculaires, de routes serrant leurs trois côtés, et qui vident, qui vident. Ce système de souterrains sciés déforme et fait éclater le Plan infime et desséché, le Plan stupide !

✗ ✗ ✗

Soudain le boyau se ferme aux yeux. Un écriteau pointe blanc et grandit : *Première ligne.*

Ah !...

Je savais que j'y arriverais ; mais la réalité attendue, quand elle apparaît, est toujours une révélation. Elle a une importance et un excès que ne peut pas d'avance imiter la pensée. Toute chose est toujours, une fois, aussi belle qu'elle-même.

Je fais quelques pas dans la tranchée d'où la première attaque est sortie cette nuit au clair de lune.

Elle s'enfonce de chaque côté du boyau en deux golfes sombres, et ces lieux sont d'une pauvreté inexorable — retournés, exterminés, écrasés par des pluies de choses, et plus encore, par un grand vent.

Sur la pente du rempart d'avant, la régularité quadrillée des sacs de terre soutient un parapet fantastiquement crénelé. Les étais de sapin qui charpentaient les abris, pointent, tordus, enchevêtrés et pâles comme des ossements, aspirés des profondeurs par le cataclysme ; du bois pourri, viande d'arbres.

Je me baisse sur la haute vague de terre à la crête pleine de déchirures qui poussait hier sur la plaine notre frontière. Parmi les broussailles mouillées comme des algues, je prends un objet, l'examine : j'ai la manie de collectionner des souvenirs de guerre. Je suis attiré par les grosses perles d'aluminium des fusées qui jonchent encrées de boue, la carcasse noire de la tranchée.

Je descends courbé, dans le trou d'un abri qui est là. C'est un réduit cubique étayé par des poutres. Sur le sol poudré de paille, de cette crypte, parmi des papiers, des guenilles, et des boîtes à sardines déchiquetées et huileuses, quatre pierres mi-noircies renferment des cendres de papier. Je sais qu'ils brûlent leurs lettres quand ils vont livrer leurs corps à l'assaut, pour le cas où, prisonniers ou blessés ou tués, on les dépouillerait. Il n'y a pas longtemps qu'ils

étaient groupés ici. Une odeur de tabac
est encore suspendue autour de moi. Ce
foyer est peut-être encore tiède; j'ai mis
la main sur une pierre pour sentir si elle
respire encore.

Un chiffon est tout blanc dans un
coin. C'est la garniture d'une chemise
de femme. Je regarde dans ma main
cette blanche confidence mutilée, puis
je replace dans l'angle de l'abri la reli-
que qu'un homme n'a pas voulu em-
porter là-haut, ni brûler devant les
autres. Ma main charbonneuse l'a salie
et j'en souffre un peu, au loin. Je sors
de l'abri, je rôde à nouveau dans ces
gorges croulantes où la terre dresse des
formes fracassées de machine, de bûcher.

Pas d'hommes, nulle part. C'est une étrange impression vivante que donne cette absence de foule dans ces lieux d'où une foule, d'un seul élan s'est arrachée.

Mais quelque chose étonne : pas de cadavres. Je croyais voir des morts.

Mais voici, imprimé dans la terre, le moulage très distinct d'un corps qui a été enlevé. C'est visible : le sommeil boueux d'un mort a stagné là, et sur la terre brune son dos a laissé une ombre noire, écaillée. On a ôté les blessés et les morts, mais maintenant, je vois du sang partout.

Rien ne l'ôtera jamais plus. Il imbibe et tache la vase. Ces pierres, mises

à nu par un éboulis, saignent. Ces décombres mous sont des plaies. La terre
suinte et se décompose, et je respire
maintenant l'odeur morte qui habite ici
et qui survit à la mort.

Je vais, je viens, cherchant je ne sais
quoi dans cette suite béante de citernes,
de douves, de puisards dévastés aux
creux grisâtres, où croupissent des fla-
ques humaines comme de la nuit dans
du soir. Un tronçon de pylône de fer
creux, émerge, penché sur le haut du
talus. Il était implanté là primitive-
ment, et on l'avait utilisé pour retenir
les terres du parapet. Il est entièrement
percé de balles : il pose sur le ciel un
haillon transparent de dentelle métallique. En un éclair, il rend visible la

tempête, et on entend ce qui a passé et repassé ici d'ouragan au niveau de la terre pour trouer de la sorte ce lambeau de fer.

Par une coupure trapue du mur renversé, comme entre deux rochers gras, on aperçoit quelques lignes horizontales et estompées de champs. J'ai évité précipitamment cette louche coulée d'espace.

Je cligne des yeux et je dis : ils sont sortis d'ici... Dans un tir de barrage.

D'ici même, hors de ces difformes et ignobles boucliers de fange, hors de cette rampe-ci, dont l'épaisseur les sauvait, et qui était le corps de leur corps dans la demi-obscurité. Ils se sont élevés à nu — tous — sur la barricade terreuse que les décharges heurtaient comme une enclume, et se sont jetés sous les roues de l'espace. On voit les endroits où ils ont marché pour s'évader du pauvre asile de l'ombre, pour sortir de la vie. Sur les restes fléchissants ou éboulés de la banquette de tir, nettement se marquent les traces des clous des souliers ferrés, un fourmillement immense.

Là, en haut... Je découvre l'empreinte violente d'une main ouverte! Une main qui s'est posée sur la terre au bord du dernier rivage, puis qui l'a lâchée au moment suprême où ces talus fulguraient et sautaient comme des laves dans le paysage lunaire. Il semble qu'on retrouve ici parmi des ruines exhumées, le long des murs fondus dans le désert comme des dunes, l'empreinte de corps d'une autre époque et, je le vois bien, d'une autre race. Cela change toute la terre en chair. J'ai peur de marcher, et de penser tout haut.

On voit se dresser dans l'azur inscrutable et pâlissant de la lune, le sacrifice des Christs du premier rang, avec leurs corps sans défense, avec leurs robes pâles dont flottaient les pans : le geste, qui, malgré les mots et malgré le sursaut de colère inventé à la hâte au dernier moment, et malgré le fusil pointé en avant avec, au bout du canon, sa brusque baïonnette de flamme, est surtout le geste de suicide.

« L'infanterie est sortie à telle heure

et a progressé normalement. ». On a
marqué cela en piquant ailleurs, avec
une turbulence de joueurs, la ligne
d'épingles-drapeaux.

Il y a une autre grandeur, une autre
tragédie dont les signes béants apparaissent et pétrissent les choses, et que je
perçois sans bien la comprendre, comme
un étranger que je suis. Les hommes,
les hommes vivants que je ne connais
plus, avec mes cartes, mes lignes et mes
chiffres... Maintenant, je les vois, mais
je les vois trop et ils me font mal.

✳ ✳ ✳

Il faut encore partir.
Je refais le chemin qu'ils ont fait.
Mais, moi, je suis défendu par le boyau

qu'on a creusé derrière eux, car, avant l'action, on était ici trop près de l'ennemi pour entreprendre même la nuit, du terrassement, et l'entretenir (ces constructions se décomposent comme des cadavres).

Mais les talus s'abaissent, le fossé n'a plus de creux! J'ai beau marcher grotesquement plié (il me semble que je suis ma caricature), le grand espace me bat la figure et la poitrine à droite et à gauche, et partout le seuil de la plaine m'assaille.

Pourtant, un grand silence, et, en face, sur l'autre versant de la rivière, le long des assises étagées qui interceptent l'horizon, remuent de paisibles attroupements. Il n'y a pas de danger! Rassuré, je me redresse théâtralement et je ris tout haut dans la désolation. Je me hâte pourtant. Mon corps émerge en entier de la maigre crevasse qui n'est qu'un spectre de tranchée, et je me dénude dans l'étendue. Ma peur ne se dérouille pas avant quelques instants. Il n'y a plus de soleil; c'est la lueur ardoisée et pauvre d'un jour d'hiver. La plaine n'est pas une plaine, c'est une pente; traînées d'herbes penchées au pli du vent, de piquets débandés avec leurs paquets de cheveux emmêlés.

A peine, à ma droite, ai-je le temps d'apercevoir sous des charpentes entortillées, un long tumulus bas de blancheurs pierreuses et poudreuses : les restes de Girandes. Le vent en soulève des pans.

Les champs descendants sont criblés de puits où l'eau miroite. Partout des trous, rien que des trous. On en distingue très bien une double rangée, formant à peu près les tronçons de deux canaux étroits où la brise ride de l'eau.

Ce sont les premières tranchées creusées par les assaillants, celles que le général avait posées sur le plan en deux coups de fusain et dont il avait dit qu'un général les avait faites. C'est là qu'après avoir traversé le barrage volcanique, la barrière des corps s'est traînée et s'est cachée quand la lune s'est éteinte. Pendant trois heures les chairs se sont débattues en silence, dans l'eau glacée, ont creusé l'eau. Ils n'avaient que leurs petites pelles-bêches pour lutter contre le niveau de l'eau; ils n'avaient que leurs armes contre le froid infini.

✺ ✺ ✺

Brusquement devant moi est un mort. Je ne l'avais pas vu approcher, me barrant la route. Je me cabre face à face avec cette chose. Il est enkysté dans la paroi brune d'un trou d'obus. Il est accroupi; sur sa figure est posé un mouchoir empesé et pétrifié. C'est un entassement de drap bleuâtre, étrangement resserré et rapetissé, où pointent deux genoux disloqués, où sont posées deux cartouchières, d'où sort, on ne sait comment, une main crispée, de cire jaune et violette; ses brodequins sont enterrés de travers, les mollets tirebouchonnés, dans le terreau. Posé près du soldat mort, son fusil intact dort.

Et maintenant, je vois d'autres morts partout. J'en vois tellement qu'il semble qu'avant je ne savais pas regarder. Ils ne sont pas faciles à voir. Ils sont d'une petitesse surnaturelle. Il faut être au-dessus d'eux pour discerner le mince relief qu'ils enracinent dans les herbes. A trois pas, on dit : Il y a quelque chose... Chaque trou d'obus contient le sien comme une borne en papier colorié. Ils ont toutes les attitudes. Ils bousculent les mottes d'herbes délabrées entre lesquelles miroite l'eau. Ils sont allongés sur le dos ou sur le ventre, les

poignets cadenassés et les souliers tordus. Ils brassent le ciel qu'ils ennuagent
de leurs miasmes, ou la terre qu'ils em-
pâtent comme des sources. Ils sont pou-
drés de terre, encrassés de boue, la
chair savonneuse tatouée de tumeurs
bleues, boursouflée, ou décharnée. Ils
lèvent des figures raclées ou blanches et
copieusement fardées ; des boules
d'ivoire, embuées de taches opaques, y
louchent. L'obus semble avoir noyé les
uns et flambé les autres. D'effrayantes
nuques grises ont été disjointes, le te-
non cassé, pilées et enfoncées dans la
terre par la fureur céleste, et les têtes
semblent encore empoignées par le
chaos de leurs cheveux. Il y a d'anciens
morts, allégés, déjà effacés du monde

par portions. Sur cette population ho-
rizontale désordonnée flotte, comme des
étiquettes d'origine, tantôt du haillon
bleuté tantôt du haillon fauve.

Dans la plupart des trous d'obus,
côte à côte avec le corps qui est noyé,
jaillissent des épaves aux formes géométriques, des roues ou des triangles
de fer barbelé. Ces trous-là existaient
avant l'assaut. Je me souviens de l'ordre que nous avons donné la veille de
l'attaque : des corvées sont allées pla-
cer des chevaux de frise, des oursins et
des araignées, dans les entonnoirs, soi-
disant en vue de la contre-attaque — en
réalité, pour que la vague d'assaut ne
s'y arrêtât pas. Le pittoresque des ap-
pellations zoologiques de ces engins

nous avait amusés, et, au demeurant, la mesure nous avait paru naturelle et sage — et pourtant la pensée se déchire à ces pièges qui ont achevé les agonies aux mains mendiantes, happées par la pente.

Qu'est-ce que ceci? Six blocs en file. Ils sont tout noirs avec des cassures brillantes. Ils sont brûlés par une flamme qui a passé — mais on voit pourtant que ce sont des nègres. Des nègres carbonisés! Devant eux, les fondations rondes et déchiquetées de quelque bâtiment, une couronne de pierres cariées.

Le four à chaux! Je me souviens d'avoir entendu dire ce matin que c'était là que se trouvait la mitrailleuse fantôme. Alors... Oui, ce sont les nè-gres qui ont repéré la mitrailleuse cette nuit avant l'attaque. On les a envoyés flairer la machine dans les ténèbres. Elle a tiré quand ils ont passé dessous, et on l'a vue. Ils l'ont repérée avec leurs ventres.

Je ne sais comment ils ont brûlé; après peut-être, car ils ont été d'abord piochés par la mitrailleuse : cela se voit. Ils sont tous les six fendus, écrasés et cassés au milieu, la ceinture hachée : on voit du sang aggloméré qui a graissé le charbon de leur chair et les blocs sombres de leurs capotes.

Les félicitations téléphonées à leur colonel... « Bravo! Je vous félicite!... Vous voyez qu'ils sont bons à quelque chose. » — Je les entends encore devant ce bûcher d'ordure où l'on compte six faces masquées par la rouille épaisse, six faces aux oreilles roulées, aux deux cavernes noires où gît de la cendre d'yeux.

Je me suis d'abord arrêté à chacun des morts comme si celui-là voulait me parler. Maintenant je ne les vois plus.

Je parviens aux bords fléchissants de la rivière. Tout est liquéfié à travers l'herbe pourrie. Il sort de l'eau quelques piquets au reflet droit et glacé, et une odeur de sang et de marécage, de marécage de sang. La tranchée de première ligne m'avait déjà jeté ce souffle qui s'exhale du sang lorsqu'il s'incorpore à la nature.

Sur l'autre rive du Clénarcisse, qu'on franchit sur des madriers ballants, des hommes... Toute une très longue file de prisonniers assis, attachés deux par deux, par les bras et par les jambes. L'un d'eux, la figure poupine, très jeune et rose! Il a sur le front une blessure bandée par un mouchoir à carreaux jaunes. Des sentinelles bâillent à côté — et un capitaine se désespère, comme un personnage d'opéra-bouffe, parce qu'il ne sait pas quoi faire de ses prisonniers, sans compter « qu'il faut que ça mange! »

Je commence à gravir les pentes. On voit l'air s'assombrir encore et s'abaisser. Un nuage grandiose couvre les hauteurs où je monte par un mauvais boyau

contrefait, avec des poches et des étran-
glements, (on a crevé la terre à tâ-
tons dans les ténèbres), et qui semble
fou. Un vent glacé se lève sur ces terres
traîtresses et vicieuses; sans doute il va
pleuvoir, et l'eau ramassée dans les
creux a des lueurs et des coups d'acier.
Des obus sonnent et jettent des reflets.
Là-haut où je vais, c'est un rassemblement d'orages et de cloches.

Quelques touffes domestiques, adhé-
rant à des mottes, montrent la chair
d'un jardin. On voit, par des trous, des
enclos peints en blanc par l'émiette-
ment d'une maison. Les alvéoles de
l'Échiquier! Je découvre les lieux dans
cet autre monde dont je ne connais que
la carte, et où je me traîne, avec ma

gangue de piéton — comme un fan-
tassin.

En un coup d'œil, et en un cri d'horreur, j'ai découvert, à travers un écrou-
lement du talus, et parce que je tour-
nais juste la tête en ce moment, une
sorte d'abîme peuplé, un vague abreu-
voir encaissé, hachuré de boue houil-
leuse, avec des épouvantails autour :
des êtres tordus ou debout, suspendus
sur les bords. Le coup de vent qui a
hurlé là, a souffleté ces têtes jusqu'à
l'os et leur a ôté les figures comme des
masques : j'ai vu la blancheur bleue des
os vierges ! Pourtant, des uniformes en
haillons claquent sur leurs armatures
comme des papiers décollés et déchirés.
Ils se sont effrités dans leurs vêtements

durcis, lignifiés ; ce ne sont plus là que des cercueils dressés. Celui qui est au bout et est penché comme s'il était planté, n'a qu'une bande rouge autour de la pierre de sa tête — un cercle incandescent dans la pénombre orageuse. Un autre semble se baisser et tendre sa main grillagée vers une ferraille squelettique de fusil; il est resté là face à face avec l'enfer flamboyant, fixé par la chimie comme une photographie. L'agglomération des naufragés épouvantables remue et se balance tout d'une pièce sur son épave. L'un bat des mains légèrement.

J'ai vu cela en passant devant l'échancrure du talus, pendant la durée de deux pas. Un poste d'écoute alle-

mand qu'un bombardement a détruit...
Puis j'ai avancé, je me suis caché en
avant... Je me souviens de la beauté
des bombardements vus des hauteurs
du Perron, sur le décor en amphithéâ-
tre, comme au music-hall : ces grands
feux d'artifice qu'on admirait tant et
qui allaient au hasard assassiner la nuit.

Devant moi le terrain montant est
tellement en pente qu'il me surplombe
comme un panneau de muraille. Il
porte un réseau de fils de fer plein
d'êtres qui se débattent immobiles, et,
derrière, un renflement que hérissent
des piquets fendus et effilochés, et un
pare-balles en fer, tordu comme un
drapeau.

Je me retourne, je m'oriente, je suppute la distance : c'est un tronçon de la tranchée d'Odin, la première ligne allemande — celle qui était marquée par les épingles-fanions que les chefs poussent avec la voix.

C'est ce lieu accroupi qu'ils ont abordé à pied, de face, à l'aube, eux, il y a quelques heures.

Il n'y a pas de passage dans les fils de fer ! Sur la montée qui aboutit au vague château-fort de terre, des fils barbelés sont rangés intacts en ordre comme les plantations d'un pépiniériste, et cette fantastique vigne d'enfer sur le coteau, est pleine de choses lourdes à moitié debout.

Il n'est pas vrai que la préparation

avait détruit toutes les défenses, comme les officiers l'avaient juré aux soldats avec des serments solennels et des effusions de prêtres, la main sur leur cœur, pour ne pas « porter atteinte au moral ».

L'infime incident local a été homologué et réglé à jamais par quelques mots du grand chef : « Nous nous sommes piqués les doigts à des fils barbelés, et dans cet endroit, nous avons été pas mal canardés. »

Il y a des paroles rapetissées et rampantes qui disent vrai et qui pourtant sont des mensonges.

Ceux qui avaient vécu jusque-là ont vu les fils de fer comme je les vois. Ils ont vu le signe de leur exécution fatale.

En ce moment même, les balles s'éparpillent et claquent encore! Si je sortais mon bras, ce vent-là me l'arracherait.

Plusieurs heures après que l'ennemi était avisé de l'attaque, ils sont allés à la mort en montant une pente. C'est cela qui est fabuleux, la pente! A pied, de face, ils sont arrivés en plein jour, et si vite qu'ils allaient, ils sont apparus très lentement. Ils ne pouvaient pas espérer, imaginer, de salut. Il est impossible qu'ils aient fait cela. Ils l'ont fait pourtant.

Ils ont respiré l'air qui foudroie, la pluie de pierres, d'acier, et de cendres. Ils se sont avancés sur la terre brassée et qui germait épouvantablement sous les pieds. Ils ont marché sur la mer.

Avec les lignes minces de leurs fusils, le geste nain de leurs baïonnettes courtes comme le bras, avec leurs habits aussi fragiles que leurs peaux, leurs casques frêles comme leurs crânes, sur la pauvre richesse de leurs poumons et de leurs cerveaux, ils ont affronté les rafales qui troueraient des murs. Ils sont montés, portant leur sang que le moindre heurt ferait couler tout entier sur la terre, portant dans leurs mains nues tout le mystère de leur vie, belle et chétive comme une fleur. Ils ont heurté leur chair de pensée et de bonheur à la machine métallique du ciel, à la flamme des torpilles qui déracinaient la terre de la terre; le faible souffle de leurs cœurs à celui des obus qui entre dans la vie comme une aile et l'emporte! Ils ont vu dans le jour la flamme courte et rouge qui sort de la mitrailleuse et les fusils qui les regardaient en plein, tandis qu'ils allaient, les travailleurs manuels de la guerre, pour tuer les fusils avec des baïonnettes, pour bâillonner la mitrailleuse avec leurs mains, et engluer les coups de canon avec leur masse.

Il y a tellement de ravage que ce ravage ressuscite et clame aux oreilles, dans ce coin de campagne si morne, si banal, si gris. Ces gens qui se sont lancés pour se fracasser la tête contre la force, c'est un châtiment qui dépasse l'esprit humain. Cette punition, les religions l'attribuent au péché originel, et

cette explication sauvage dans son ab-
surdité, est la seule qui ait eu au moins
les proportions immenses de la réalité.
Les paupières battantes, sur l'immobilité de ces choses bleu clair disposées en
ordre, je crois voir des trous de ciel à
travers une cloison qui intercepte l'a-
zur. Ma voix dit toute seule : Le péché
originel de l'obéissance.

Au bout du boyau, en haut — l'un
d'eux. Une masse. Il y a une capote
adossée debout qui fait un geste. Je n'ai
pas osé lever les yeux en passant devant
cette destinée. J'ai vu ses pieds.

J'ai traversé, par le boyau, la tranchée dont la nationalité a été retournée
avec le parapet. Cette première ligne
allemande ressemble à notre ex-pre-

mière ligne; c'est la même caverne écorchée au tumultueux mutisme, le même estuaire dévasté par les puissances scientifiques, c'est la même. Si on voulait exposer l'image de la ressemblance, il faudrait prendre les deux côtés d'une ligne frontière, qui ne diffèrent au monde que sur les cartes.

✳ ✳ ✳

J'arrive à un lieu qui est étrange à travers les meules en terre lassée, mourante, des talus : des îlots érodés par des marées de pluie et dissous en immensité, croûtes de paille, boue rocailleuse. Je n'ai plus en moi qu'une vague conscience qui centralise de la fatigue. Le ciel n'est que la fumée triste de la

terre, et moi, je ne suis plus qu'une im-
ploration debout, et qui marche parce
que les pieds tombent l'un devant l'autre et qu'on marche comme on respire.

Cette plaine montagneuse avec des
éboulements courbes, cette terre lâche,
tamisée par l'acier, teinte à perte de
vue, de fiel, et de sang qui n'est plus du
sang, on ne sait pas ce qui a pu s'y passer; on ne sait pas. Le silence lui-même
y est mort. Du vent sinistre y passe,
mais on ne sait pas d'où il vient. Il y
glisse un reflet de soufre, de vert de
gris. Et je sens, *je vois*, ce reflet livide
m'empreindre et faire de mon épou-
vante, sur ma face, un épouvantail.

Moi qui suis là, fuyant, tout petit
dans ces désolations, j'essaye de ras-

sembler mes idées, de situer cette immobilité décomposée. Mais c'est inu-
tile de chercher où je suis. On invente
parfois l'amplitude des choses par les
subterfuges du raisonnement, on la mesure, transposée en un raccourci chi-
mérique par les plans, mais les horizons
réels ne sont pas faits pour les hommes.
Lamentable effort rogné — ou tordu
par la perspective — du regardeur re-
fusé par l'espace. A peine l'œil pénètre
en cachette dans quelques spectacles :
on n'a que des plaques successives de
réalité qui s'anéantissent l'une l'autre,
on n'a rien.

%   %   %

Ce sont les morts qui sont la substance de l'univers. Ceux dont les poings carbonisés, en paquets, en fagots, sortent des trous latéraux de la tranchée, en même temps qu'une odeur de viande grillée — ceux-là ont été enfumés par les nettoyeurs. Ceux qui sont étendus en travers sont creusés au milieu parce qu'on leur a marché longuement sur le ventre. Tous si écartelés, si ouverts, qu'il semble impossible que leurs âmes n'aient pas été aussi mutilées. Des baïonnettes sanglantes de rouille, des têtes rouillées de sang. Les faces sont informes et noirâtres; et cette rondeur-ci, caillouteuse de caillots, me suggère l'idée baroque et terrible que c'est le dessous d'une figure!

Des morts ossifiés — des momies aux

yeux séchés, aux mains en raquettes que le regard traverse, dont la tête est une poulie qui tient par des cordes, dont les coudes ont crevé les manches, dont les jambes sont maigres comme des jambes de bois — ont été déterrés par le feu avec les croix qui leur ressemblent, et vomis sur les corps plus récents dont le sang carminé s'effile comme de la soie. Là, tout est enseveli sous les vieux débris, lapidé par les ossements de la génération des morts de l'année dernière. C'est le monde renversé.

Je regarde chaque chose, baissant la tête, lassé, attardé, dispersé. Ils ont une effroyable volonté glacée de multiplication, et ils finissent, les uns dans les autres, par m'empêcher de passer. C'est un mur. Ils ont des gestes et sont immobiles. Ils s'acharnent toujours. Ils geignent, mais éternellement, comme des statues. De quel pays sont-ils? L'immonde orage a écrasé sur la terre la couleur des uniformes. De leur bouche sort un cri trop informe et trop humain pour se rattacher à aucune langue.

Et je vois que l'un d'eux soutient toute la masse — plié et disloqué par la force avec laquelle ceux d'en haut veulent tomber.

Je vois sa face aux grands trous, sa face serrée et avortée où l'on n'a jamais laissé entrer le savoir, au regard mort-né qui tombe devant soi, sa face que le fardeau accapare et qui est condamnée

à ne pas penser à elle-même : la caria-
tide !

Dans le lointain des temps, j'ai vu
sur un rivage la forme d'un esclave vivant porter sur son dos la pesanteur des
choses et des règnes. Aujourd'hui le
même esclave est mieux écrasé.

« Il n'y a plus d'esclaves à notre
époque. C'est de la vieille histoire. » Je
répète machinalement, si machinalement que c'est le vent qui semble leur
faire traverser ma tête — ces paroles
dites un soir par l'Aveugle, par le
Sourd, par le Fou.

✶ ✶ ✶

Cette face est trouée au milieu, près
du nez, d'un trou gonflé. Ce pare-balles

aussi est troué, pour qu'on puisse voir. Je suis monté sur les poutres, et j'ai mis mes yeux sur cette lucarne semblable à une lunette de guillotine, et pour cela, j'ai dû me poser contre le mort installé là et m'agripper à lui. Des ricochets de balles modulaient leurs plaintes. L'un d'eux fit sonner la planche de fer comme un gong — et j'ai entendu un clou pénétrant dans les tissus flasques de la terre avec un bruit de rassasiement.

J'ai vu un gouffre de quelques secondes. Là-bas, une grappe d'hommes qui se battaient dans un couloir de nuages avec des gestes de discoboles. Je ne voyais pas leurs adversaires; je voyais leur rage contre rien. A cinquante mètres, les grenadiers se détachaient sur un contre-jour titanesque, une sorte de lumière frisante, comme des ombres sur une falaise. Malgré la distance, la sueur étincelait sur leurs faces et leurs cous. Ils brillaient comme s'ils étaient au milieu des flots, des rangs rugissants des lames.

Je me suis rejeté en arrière. J'ai lâché l'homme. Je sentais son haleine morte déboucher de tout son corps, son épaule m'a bavé sur la manche, et je me suis enfui ailleurs.

J'emporte dans mes yeux, et presque dans mes mains crispées, le spectacle de la bataille entrevue. Mais non, ce n'était pas la bataille, c'en était un petit épisode, fragmentaire et insignifiant. Une ou deux sections tout au plus. On ne voit jamais la pleine bataille. Elle est trop grande pour qu'un homme la voie autrement que par les signes qu'on lit. C'est là-bas qu'elle se déchaîne, c'est ailleurs, toujours ailleurs.

*   *   *

Ayant levé la tête vers le ciel, je m'aperçois que le soir tombe. Ce n'est plus l'orage assombri avec ses langes. C'est le jour qui finit. Si la lumière finit, c'est la fin de tout. Je sens bien que je ne pourrai plus maintenant marcher longtemps. Je suis à bout, et j'ai peur de moi. Je voudrais rencontrer quelqu'un.

Je vois un homme venir à moi entre les parois. C'est un soldat en armes, ballotté. Arrivé sur moi, il fait un faux pas. Il rit aux éclats. Il passe en titubant.

Je me suis caché de ce rire animal qui sent le vin.

L'obéissance, on l'a tantôt par le fouet, tantôt par le vin et l'alcool et on a besoin qu'elle rie pour la pousser de travers en plein dans la Comédie.

J'ai trouvé l'officier que je cherchais. Je me suis reposé et je suis reparti.

*   *   *

— Pour retourner, il faut prendre à

gauche, les bords de la rivière, le pont de bois, et la plaine de Vancouvert. C'est calme. C'est par là qu'on évacue les blessés.

Bientôt une petite pluie tombe, légère, énorme.

C'est triste, ces étendues où le jour s'éteint et qui peu à peu, se mouillent. Je suis enfoncé dans la pluie, moi qui ai été emmuré dans la terre et dans la fumée.

Je rattrape des êtres qui vont très lentement : des blessés.

Le premier que j'atteins parmi ces évacués, ces éliminés des boyaux, me dit : « Nous sommes les hommes-ordures! »

Les soldats que j'ai vus jusqu'ici ——

ou presque tous — étaient morts. Ceux-là sont encore un peu vivants, et leur remuement me harcèle et me persécute. Leurs yeux sont encore écarquillés du souvenir d'horreur du bombardement de l'église où ils étaient entassés. Quelques-uns en parlent tout seuls : « C'était 'orrible. Ça se crevait de partout. Les piliers remuaient comme des jambes. On a laissé les blessés sous les grosses pierres qui tombaient et on les a entendus, en une minute, se taire l'un après l'autre. »

Le blessé, frappé d'un éclair de résignation populaire, dit :

— On pouvait pas faire mieux ; c'est la faute à personne.

Il y a eu pourtant une fausse manœuvre. On les a fait aller vers l'avant au lieu de les diriger vers l'arrière! Cette faute, me dit-on, a garni les talus de moribonds.

Je rattrape les survivants les uns après les autres puisqu'ils vont tout doucement et avec précaution. Ils sont de plus en plus nombreux.

Il y a les blessés normaux (la majorité des sages, qu'on trouve partout), qui vont régulièrement devant eux, le bras en écharpe ou la tête emmaillotée, le casque et une étiquette attachés à une boutonnière. Ils ne pensent à rien, pour marcher mieux.

Deux se disputent, en se soutenant. Leurs deux jambes qui se touchent sont attachées ensemble, ils marchent sur

trois jambes. Leur discussion avec les
petits chocs de haine qu'elle provoque,
leur fait faire des zigzags, mais ils
avancent parce qu'ils sont appuyés l'un
sur l'autre et qu'ils sont liés par une
corde.

Deux autres se sont arrêtés. Au lieu
de marcher, ils s'amusent à se regarder.
Ils ont trouvé qu'ils se ressemblent,
ayant tous les deux le nez tranché par
le couperet d'un éclair. Ils se regardent,
ils se regardent — et ils rient.

L'aveugle s'est arrêté aussi pour sou-
pirer : « Ah! si j'avais vécu! »

Un me guettait. Il met la main sur
moi. Il me tend quelque chose : qu'est-
ce que c'est? Une photographie et un
crayon : « Arrange ça. C'est pour en-

voyer à ma femme pour qu'elle n'ait pas trop de surprise. » Il montre un portrait et sa figure rabotée, à l'épiderme de poumon. Je me suis appliqué à barbouiller cette figure d'homme, tandis que j'entends deux interlocuteurs vanter une ingénieuse ruse de guerre qui a permis « d'en tuer tant qu'on a voulu ». Un manchot me tend ses moignons d'un blanc de toile encore neuf. Ce commencement de geste... Il me tend les bras ; on voit ses bras infinis.

La route s'emplit d'ombres et de rumeurs. Me voilà dans une foule parmi les grands enfuiements du crépuscule. On voit des hommes qui sont près de leur fin, qui tracent le bout de leur destinée — et ils s'arrêtent çà et là ! J'en ai vu, des derniers pas sur la terre. Chacun d'eux, quand je m'approche, me paraît gigantesque. Ce ne serait pas assez de toute mon âme pour en recueillir un. Ils pointillent le soir et personne ne pourra jamais les compter.

L'un s'installe entre deux poutres et dit avec une espèce de sourire : « Je suis bien. » Son sourire s'agrandit, et on voit qu'il s'envole.

Cet autre, que l'ombre azure, a ouvert sa bouche noire pour un appel qui ne retentit plus que dans la pure vérité.

J'ai entendu un autre de ces immobilisés qui, baissant la tête, par crans, disait :

— Plus tard, elle ne saura jamais que je suis mort ici, entre le puits et le chemin. Qui lui dira?

Je dis : « Moi ! » J'ai essayé, plutôt, de le dire. Ma gorge a résonné et un cri est sorti de travers comme celui qu'on pousse au fond d'un rêve. Je tends la main pour mendier son nom, mais il ne répond pas. Il ne vit plus. Le fouiller ? Je n'ai pas osé. Debout, appuyé, entre les pierres, il était surnaturel.

Des histoires étroites — damnées d'étroitesse — l'une après l'autre, sur la route. Ce grand vautour se déployant en hauteur, est tombé sur moi (comme s'il avait reconnu quelqu'un de ceux ou

de celles que la mort lui enlèverait), et
je l'ai traîné; il m'a arrêté, raidi et
s'enfonçant dans le sol ainsi qu'une
lourde croix. Celui-là malmène de sa
main gauche son poignet droit sangui-
nolent et insensible, sans voir que son
bras épinglé à la capote est fracassé à
l'épaule et ne tient que par la manche.
Un autre a parlé d'une mine : « Là où
les tranchées sont des égouts avec des
parapets qui descendent à vue d'œil. Ça
a éclaté. On s'est éparpillé au galop. Il
en est resté des tombereaux tassés au
fond, deux cents types rouges d'un seul
rouge, comme un volcan. Et par hasard, hein, par hasard, tous les officiers étaient très en arrière du bétail
quand c'est parti en l'air. » L'autre ré-

pond en disant : « C'est le 75 qui nous a tués, *pas seulement moi,* mais tant d'autres! »

Le soir me cachait bien des choses lorsque je suis arrivé au bord du Clénarcisse.

Le rivage était strié de longs traits pâles placés régulièrement à côté l'un de l'autre. Je regarde mieux : ce sont des cadavres attachés deux à deux. La tête de l'un est bandée par un mouchoir à carreaux jaunes. Je le reconnais, je les reconnais : les prisonniers allemands. Ils sont tout aplatis et coulants — il y en a à perte de vue — et ils ont fait un ruisseau noir qui a afflué dans la rivière.

Au bout, quelque chose bouge. Une

silhouette gesticulante me dit d'une voix éraillée :

— On m'a mis là pour les garder. Mais y a pas la peine.

L'ivrogne armé ajoute :

— C'est nous, la compagnie, qui les a zigouillés tous. Le capitaine en avait trop envie. Il nous a donné à boire du rhum à pleins quarts, puis il nous a dit : « Mes petits gars, voici : ils sont de trop, ces gens-là. » Mon vieux, c'en a été un boulot ! C'est qu'on a dû les jeter par terre et se cramponner sur eux comme sur des femmes. Il en a fallu de l'amour !

Il ricanait et soufflait. On voyait goutter des larmes de chaque côté de son nez ardent.

Je baissai la tête, et je partis, ivre de son ivresse.

Un homme creusait une fosse. Il était couleur du soir comme elle, et à moitié plongé dedans.

— Qu'est-ce que c'est?

— Tu vois.

— Quoi?

— Ben, c'est une fosse.

— Pour un mort?

— Il n'est pas encore mort. Il roupille, peut-être. On va le faire mourir au petit jour et l'apporter vite ici. Je n'ai que le temps. C'est un territorial. Pendant deux nuits il était allé chercher dans la plaine un corps de copain. La troisième nuit, mis de faction, il n'a pu s'empêcher de s'endormir. Le colonel est passé, et comme il fallait justement un exemple, il a signalé au général qui a dit : « Qu'on le fusille. » C'est un vieux de quarante-cinq ans qui a trois enfants. Pour sûr il ne l'a pas fait exprès. Il s'est trompé, et puis, y a pas eu de mal. C'est un bon homme, je le sais : c'était mon ami, avant.

Il s'est tû, apeuré, comme s'il rôdait une espèce de contagion du châtiment. Les soldats sont de pauvres frères qui sont trop pauvres pour fraterniser.

— Ce n'est pas possible...

L'homme répondit :

— C'est pour l'exemple, tu comprends. Ordre du Général commandant le Corps d'Armée.

Comme une antienne de boîte à mu-

sique, une phrase chanta mécanique-
ment : « On a dû prendre des mesures
énergiques. » Voilà ce que cela signifie,
ces phrases légères dont l'abstraction
pudique et le vague effacent ce qu'elles
disent, et qui tournent la vérité terrible. Ah! si on ne parlait pas toujours,
toujours, pour mentir — et surtout si
on ne reculait jamais devant le sens des
phrases qu'on entend!

J'ânonne :

— C'est exceptionnel.

On crie à côté de moi :

— Exceptionnel? tu me fais rire la
figure!

Un homme qui était assis et qui écou-
tait — au repos, en pleine paix! —
avait jailli debout en même temps que

deux ombres pareilles à lui, et symétriques; l'une le doublait, l'autre le triplait.

A grands gestes, il grondait : « Malheur ! ». Il ressemblait à un prophète de malheur entre ses deux acolytes, ce portefaix, avec la peau de bique qui lui bourrait la poitrine et le dos, tout gonflé de marmites, de bidons et de bosses de pain. Sa face était embroussaillée de poil, son nez crochu. Un de ses yeux était mort, couvert d'une taie et entouré d'une peau cicatrisée pareille à du papier de soie. Il portait sans cesse la main à cet œil, lui donnait des coups de poing, le frottait et le roulait avec sa manche ou avec le bout de son doigt.

— Y en a comme ça des choses exceptionnelles qui ont recommencé plusieurs fois par jour pendant des années.

— Oui, dit son camarade, qu'un rhume tenait par le haut : une vague pluie humectait sa figure assombrie de rougeurs, il avait le nez gorgé, la voix de bois.

L'homme de corvée cita des exemples, plusieurs en même temps, mêlés, redressant pesamment son multiple faix de mangeaille dans de la ferraille. Il montra la fosse avec son bâton de marcheur, et l'agrandit à l'infini.

— Y a eu celui-ci, puis celui-là.

« Et Tonnelier, mon ami qui était beau comme j'étais moi, du temps où je me ressemblais, sais-tu ce qu'ils en ont

fait avec douze balles? Et un nommé
Alfred dont je ne me rappelle plus du
nom. Et Angelino? Il n'avait jamais eu
de chance. Rien ne lui avait réussi depuis qu'il était né. Pourtant, quand il
est allé en permission ——, je ne sais pas
comment, comme dans les contes de
fées, une jolie fille lui a fait de l'œil.
Et lui qui avait toujours été malheu-
reux était si heureux que, quand il est
revenu, il chantait tout le temps. Le
soir même, il était de patrouille, et il
ne pouvait s'empêcher de chanter, et
dans la plaine, l'adjudant a eu peur de
ce ronronneur, et l'a fait taire avec un
couteau de tranchée, comme un co-
chon. Et Blanquat qui avait seulement
dit en voyant le haut d'une corvée cou-

ler dans la tranchée : « V'là les Boches! », je l'ai vu, moi, par terre, ignoble, écrasé par la volée de balles comme par un train — pour l'exemple —, au milieu de tout l'régiment, avec l'aumônier, au premier rang, qui dit *amen*, et les baïonnettes comme des cierges. Ordre du colonel (qui s'appelait... Comment qu'i s'appelait... J'ai oublié son nom, tiens) et du conseil de guerre du régiment (1).

— Il n'y a pas de conseil de guerre du régiment.

— Quoi tu dis? Possible. C'était pas du régiment, alors. Je ne sais pas les enseignes. Ce que je sais, c'est que voilà

(1) J'appelle sur ce passage l'attention des épouilleurs des livres de guerre.

un homme qu'on a eu, c'est que Bel-
lamy, la nuit qui a été avant ce jour,
est venu me trouver : il était du peloton. Il m'a demandé : « Est-ce que je
lui tirerai-je? Si je lui tire, ce sera fini
plus vite pour lui. Mais si je ne tire pas,
eh bien, je lui aurai pas tiré! » On a
réfléchi. Je lui ai dit : « Bien sûr faut
que tu lui tires. » On a pleuré tous les
deux, on a remué la tête : « Ah, si on
en revient, hein! » Il a crié : « T'en
fais pas. On n'en reviendra pas, mon
pauvre vieux. » De dire ça, ça le conso-
lait. Mais ce n'est que plusieurs mois
après qu'il a eu sa balle — une balle qui
n'était peut-être pas plus méchante que
les siennes.

« La chambre où on leur pose les

questions. J'ai vu ça par une trappe de porte, une fois en passant. Ils se démènent autour de lui. Tous qui l'empoignent et un qui écrit, et un vieux qui fait le gentil : « Dis que tu as excité contre les chefs. Dis à qui tu as parlé. Dis-le, tu sauveras ta peau, on te fera grâce. » (C'est pas vrai ce qu'on dit là entre les quatre murs de la cuisine du Conseil de guerre; celui-là, il sera jeté, lui aussi, sur la terre d'un champ, un de ces matins, comme une boîte d'ordures.) Ah! quand je pense à ça — attention, y a un trou, ne t'casse pas le porte-pipe — je sens là, tout du long, mon manger qui prend l'ascenseur.

« Sais-tu ce que c'est, toi, que décimer un régiment? On fait ranger les

compagnies par ordre de taille, longuement, pour qu'il n'y ait pas d'injustice.
Puis les officiers comptent : un, deux,
jusqu'au numéro 10, qu'on fait sortir.
On conduit les numéros 10, un à un,
pas ensemble — quelque part — et on
les tue. Alors maintenant, vois-tu,
laisse-les, les journalistes, les députés,
et les ministres, nous raconter le droit
des peuples, et faire la civilisation, la
justice, et la république — avec leurs
gueules !

« ... Michael ! Je ne dis plus que c'est
du caprice et de l'amusement. Celui-là
a été fusillé pour quelque chose. Mais
ce quelque chose, c'était qu'il ne voulait pas tuer. Les hommes du peloton,
ce jour-là, ils ont fusillé leur cœur, leur

tête. Seul contre tous, et contre les fusils, à dire: « L'homme, c'est l'homme,
tout va changer », à quoi ça sert? Rien
à faire, rien, rien. »

Le doigt du ravitailleur pointa sur
quelque chose dans le vide :

— Ah! y en a un qui est rapporteur
au Conseil de guerre du Corps d'Armée. Ç'ui-là — comment que tu l'ap-
pelles? — un petit vieux, je l'ai entendu, moi, demander la peau d'un
homme. Eh bien, rien que pour la façon dont il la voulait — si j'avais du
cœur ou si je devenais seulement un
honnête homme, ç'ui-là, n'importe où
je le rencontrerais, j'y foutrais mon
couteau dans la poitrine — si je pouvais être un honnête homme.

Tandis qu'il prononçait ce jugement, je voyais dansoter devant mes yeux la physionomie du vieux galantin que l'uniforme ridiculisait et dont la grande affaire était de courir après les femmes.

Le prophète de malheur reprit :

— Ça et ça et encore ça, vois-tu, on ne le saura pas. On ne saura jamais rien.

« Tout est recouvert déjà ! Même entre moi et toi tout à l'heure, y aura un bol d'air, et dans la vie civile, je t're-chercherai pas ta compagnie.

« Les gradés ne parleront pas. Même ceux qui sont bons, ils sont trop polis entre eux. Ils diront même : ce n'est pas vrai. Parce que, les bons comme les autres, ils mènent les hommes par le mensonge, et ils sont attachés ensemble et ça n'irait plus, s'il y avait justice de faite, et c'est comme ça. Ils ne diront rien. Il y aura tant de canailles pour faire des articles et des livres. Et si quelque chose ressort, des salauds comme toi diront : « C'est exceptionnel. » T'en fais pas! Ils sauveront la guerre. Les soldats, eux, ils oublient. C'est ça qui est le plus pire : oublier. Hé oui, le cri est frais quand on y est — et j't' forcerai à réfléchir, moi! On dit : Il faudrait une rude purge pour me faire oublier ça. Mais pourtant on oublie. Le forçat libéré, il ne se reconnaîtra plus de joie quand il ira dans les rues, oui, les mains dans ses poches, mon vieux! C'est triste d'oublier; c'est la ruine des ruines. »

Cette grande parole ouvre des abîmes dans l'avenir.

Mais il ajoute : « On n'en reviendra pas. Si on ressuscite de cette affaire-là, ce sera pour une autre. Alors, ce qui a été fait, personne ne le saura jamais. Je te dis tout ça à toi, mais personne — personne — ne saura jamais. »

Il allume son briquet à essence et se baisse comme pour chercher, dans l'encombrement où on est.

Des ordures, des restes moulés de gamelle, des excréments de gamelle. Du linge éparpillé, une chaussette cuireuse et noircie, où le pied a déteint. Debout, une croix : squelette d'arbre

planté sur un squelette. Au loin, les
nuages déchus de l'obus, les lueurs cou-
pantes. L'odeur des morts grandis-
sante, lourde, qui vous soufflette.

L'homme s'est accroupi avec un
bruit de quincaillerie, on entend grin-
cer les poulies de ses genoux ; sa tête
de fumeur s'entoure de fumée comme
une marmite. Et les deux autres pliés à
côté de lui — l'enrhumé dont le crâne
ronfle.

Soudain il éclaire (sa main enflam-
mée tremble) deux ronds lustrés, deux
yeux par terre, sertis dans un masque
noir, bombés, striés, mappemondes.
La flamme est si proche que les cheveux de terre du mort ont grésillé.
La main morte, la main vide, tient un

journal sur lequel on lit le gros titre d'un article : *Sur le front. L'héroïsme joyeux de nos petits soldats.* Et justement le mort est en train de rire, la joie imprimée au fer rouge sur l'instrument de chair.

Le cuisinier aboie :

— Hein! Le v'là, le certificat de la rigolade.

Il lève sa tête; sa bouche ouverte roule une boule de fumée comme de l'ouate; il s'adresse à un de ses compagnons :

— Pas?

L'autre, sombre, dit :

— J'sais pas. J'attends qu'on me dise.

— Tout ça, c'est parce qu'on a obéi.

Pourquoi qu'ils marchent, tous ces fantassins-là, ces marcheurs qui n'arrivent jamais — qu'à la fin de leur vie. Ces hectares de morts qui font dans les champs autant de racines qu'une forêt, — heureusement qu'au moment horrible ils n'ont pas compris combien c'était de leur faute!

« Ils ont raison, les chefs, raison à leur manière, de séparer les troupeaux d'hommes, et de donner des uniformes aux arbres et des opinions aux champs de blé. Ils ont bien raison, puisque c'est eux qui, en fin de compte, récoltent l'or sur leurs képis ou dans leurs poches. Il n'y aurait, pour avoir plus raison qu'eux, que les hommes qui se lèveraient un jour ensemble, et leur casseraient la tête... Ce n'est pas eux, c'est nous les malfaiteurs. S'il n'y avait pas toi et moi, ils ne pourraient rien faire. C'est toi qui leur dis : Ce que vous osez remuer dans vos têtes, eh bien moi, je vais le faire avec mes mains, moi peloton d'exécution, moi vague d'assaut, j'assassinerai mes frères tant que vous voudrez, et tu viens toujours pour leur obéir. Tous sont tout. La guerre est nécessaire, pourquoi? Parce que tout le monde le laisse dire. A la chienne, il faut prendre ses petits de force. Mais la mère, elle donne les siens avec le sourire. Je ne suis qu'un pauvre bougre qui ne sait rien que par hasard. *Ne vois-tu pas que c'est partout et toujours la même chose : dis-le.* »

Il crache un bout de cigarette transparent de mouillure, que mâchaient ses lèvres, et me regarde.

J'avoue :

— Oui.

N'ont-elles pas retenti depuis des éternités, ces paroles, heurtées aux têtes dures et obscurcies des hommes, leur montrant les mêmes évidences, le même crime d'évidence. Cet homme désordonné qui a trop de choses à crier, qui est trop frappé par le mécanisme simple de l'esclavage, si visible à travers le mensonge, ressuscite comme l'humanité elle-même. Ce petit crieur affolé par les grands préceptes d'Évangile et de réunion publique qu'il a en lui, l'infinie révolution en cage —

c'est toujours le même, c'est le même !

Il s'apprête à partir, se secoue; il grince encore comme une charpente et il dit tandis qu'il s'étire, grandissant, des paroles d'espoir énorme :

— Tout de même, tout de même, écoute-moi bien. C'est de ce sang-là que nous disons, que sortiront plus tard — avant la fin du monde — des choses plus vraies que les nôtres. Quoi, après tout, peut-être que je m'en tirerai! Nous ne crèverons pas tous, hé? Je parlerai, moi. Je m'aimerais si je vivais!

Il s'éloigne pour aller porter le ravitaillement à quelque poste. De côté des ambulances en planches, basses, grandes et longues comme des cercueils d'armée, on le voit, sur le fond vert, se silhouetter tout noir, suivi de ses deux aides. Mais il marche à grands pas, il les dépasse.

On ne voit que lui. On voit converger sur lui le grand vent pointu. Le feu de bengale verdâtre du couchant est si lumineux en ce moment qu'on distingue la ligne de son bâton, son coude plié, son bras en boule parce qu'il se frotte l'œil.

Tout à coup, au-dessus de l'endroit où il est, descend un arceau de gros nuages ferrugineux, pleins d'illuminations. Un fracas tonitruant, multiplié, s'abat sur tout, nous remplit la tête d'une surdité chancelante; la terre remue sourdement : La rafale.

Il s'est arrêté, debout sur la plaine,

presque imperceptible sous le rideau noir déchiré et l'arcade d'étoiles furieuses tombant de l'infini. Je regarde cette chose verticale qui oscille : c'est un homme, un tombeau de vérité.

Il courait, désemparé, s'arrêtait, puis prenait son élan dans une autre direction. Il semblait poursuivi par la voûte de fracas et de poussière, et l'aplomb des éclairs. Je crus voir qu'il mettait ses poings sur ses yeux puis qu'il étendait ses bras en avant, l'un avec son bâton d'aveugle. Il cherchait un trou où plonger! Une chose énorme, au reflet de fer rouge blanchissant, fondit sur l'homme qui galopait la capote au vent, et le fit disparaître avec le radeau de terre où il se débattait. Le retentissement de cette explosion arriva ensuite à mon oreille et, *après que l'homme eût été anéanti*, j'entendis, aigu, son cri vivant! Cet appel extraordinaire de l'au-delà, ce cri surhumain d'un être qui rendait tout d'un coup ce qu'il avait contenu, m'a fait retentir un instant d'une autre âme, m'a changé des pieds à la tête.

***

Une foule énorme, brumeuse et battante, ou plutôt le bout, le bord extrême entrevu de cette foule étendue et disparaissante. La masse est immobile. Je m'approche des points qui forment l'extrémité de la grande relève. L'homme à qui je m'adresse et qui est

un de ceux qui bornent la plaine vivante, me dit :

— Voilà six heures qu'on piétine sur
place.

Puis il profère une phrase semblable
à celle qui a servi à l'homme dont le
témoignage et la conscience ont été dis-
persés aux quatre vents du ciel :

— C'est la même chose tous les jours,
depuis des mois et des années.

Ils ont des figures défaites où durcit le
givre de la sueur. Ils halètent. Ils finissent par râler à force de rester debout.

Le temps ne compte pas. Rien ne
compte, sinon transporter d'ici là une
rangée d'épingles-fanions. Pour réussir, il faut du gaspillage. Ils le disent,
les grands chefs; qui donc parmi eux ou

au-dessus d'eux, l'a dit : « C'est le gaspillage qui déjoue le hasard et qui fait le
pont », et garantit la tranquillité du
commandement. S'ils n'avaient pas eu
le gaspillage à leur disposition, aucun
d'eux qui n'eût été tout de suite hon-
teusement arrêté. C'est la prodigalité
de temps, d'argent et d'existences, la
surabondance folle de ces réalités aux
mains puériles des maîtres, qui comble
les lacunes, efface les erreurs, régula-
rise les fausses manœuvres. La guerre
se soutient non pas parce qu'elle est
bien faite — elle est mal faite —, mais
parce qu'elle se déroule à crédit, ap-
puyée toute sur l'avenir, dans le vide,
parce qu'on ne compte pas, et qu'il y
a trop d'hommes.

Je n'ai fait que les entrevoir, ces troupes qui montent là-haut, heurté au coin de leur marée, à leur mur habillé. Ils sont jeunes, terribles, ce sont de vagues géants augmentés par la boue. Leurs officiers aussi sont boueux, ils leur ressemblent et sont mêlés à eux. Ils ne ressemblent guère aux officiers d'État-Major qui ne descendent jamais de leur trône jusqu'ici. Mais tous ces hommes qui obéissent, honte sur eux !

Pendant le rassemblement qui les emporte, quelques-uns m'avisent. Ils me méprisent à cause de mes stigmates brodés de bureaucrate. L'un d'eux en passant devant moi soulève son casque par le bord, à la façon d'un chapeau melon, et dit : « Pardon, monsieur ! »

Un autre me vocifère tout bas dans la figure :

— On marche parce qu'on ne peut pas faire autrement, mets-toi bien ça dans la tête, ballot !

Et enfoncé dans la cohue fangeuse et rectangulaire de l'attelage d'hommes où se heurtent les bâts et les jougs, il se retourne et me crie encore quelque chose. Je vois s'ouvrir sa bouche comme un point de nuit dans le crépus-cule. Mais la bourrasque qui souffle chasse ses paroles au loin, et lui est emporté par le rang — la herse de la discipline, — par l'ignoble obéissance.

Ils me méprisent, moi figurant de l'État-Major, mais on voit bien qu'ils ont tout de même peur de moi, parce

que État-Major signifie commandement, et qu'ils sont des esclaves. On
sait ce qu'ils pensent. On les confesse,
mais sans qu'ils le sachent — par l'es-
pionnage. Plus qu'ils ne le croient, ils
sont pris par ceux qui les conduisent.
On met, par un service méthodique, la
main sur les gestes de rêve qu'ils hasar-
dent jusqu'à leurs pays, leurs foyers et
le choix de créatures faites pour les
écouter, on vole et on lit leurs lettres,
leurs riches et pauvres lettres.

Comme j'ai vu dans le terrain plat
l'extrême bordure flottante de la relève
montante, j'effleure le remous de la relève descendante. Ce sont là ceux qui
ont participé en quelque chose à l'attaque. Ils sont vieillis à cause de cette

semaine qu'ils ont passée au bord à vif du secteur, sales de la teinte de la guerre. Les pauvres qui restent propres sont des saints.

Il y a un attroupement, une discussion autour d'une voiture et d'un vieux cheval. Des hommes entourent la voiture, de lourds paquets dans les mains. Ils croyaient pouvoir mettre leurs cartouches, les deux cents cartouches qui leur scient les reins, dans la voiture régimentaire, ce qui est toléré dans cet endroit-ci. Mais le voiturier — la sueur a fait des sillons larmoyants et à demi nègres dans ses traits ravinés — lève les bras et leur montre son cheval.

— Regardez-le. Je l'conduis par la figure. Il n'peut pas; il est trop fatigué.

C'es'un ch'val. Vous êtes des cents et des cents.

Ils regardent le cheval qui oscille sur ses jambes blanc-gris, couleur de squelette et baisse sa tête dont le cuir est usé. Alors, ils se taisent, ils le regardent mieux, ils lui disent : « Mon vieux », comme si soudain ils avaient reconnu cet être qui se traîne. Ils remettent chacun leur charge dans leur musette et regagnent leur place avec une pauvre joie.

Comme dans la lande bretonne où la plante est couleur de granit, comme l'alignement des menhirs se rangeait aux yeux des gens de Noménoé et de Conan Mériadek, des chevaux debout sont en rangs à perte de vue. Il pleut sur eux. On entend l'eau pointillée s'abattre sur leurs flancs. Ils ne font rien.

— Il y a quatre jours qu'ils sont là. A quoi pense-t-on? dit leur morne gardien revêtu par l'averse.

Là, sans bouger, chacun planté sur ses quatre jambes et attaché à un piquet par la barre raide d'une corde, ils sont abîmés et meurtris, les durs spectres, avec leur tête pierreuse, le tapis raclé et troué, de leur peau, l'écorce sanguinolente aux angles.

A les voir, immensément immobiles, on voit la réalité se décomposer jusqu'au fond. Leur innocence est plus criante encore que celle des hommes.

Qu'est-ce que ça leur fait, à eux, l'épithète qu'on met à l'Alsace-Lorraine, et le panache de la victoire, et les traités — gloire au recto, commerce au verso — pour lesquels leur chair saigne, s'use et saute à la meule ! Qu'est-ce que ça leur fait, le nom de ceux qui sont à l'autre bout ?

Sur la figure si nocturne du gardien qui partage leur silence, j'ai lu ce que je pensais.

Une autre ressemblance : N'importe qui se dresserait et commanderait, qu'ils obéiraient tous ensemble. Ils sont prêts au premier cri, au premier aboi !

... « Héroïsme militaire ! » écrit-on dans les journaux et les livres. Ces spectres sérieux prouvent que cet héroïsme n'existe pas, que c'est une vertu qu'on s'amuse à découper au hasard dans un petit coin de la souffrance.

Plus que des hommes, ils ressemblent à l'homme. Mais s'ils devenaient libres, ils seraient perdus; si les hommes étaient libres, ils se retrouveraient enfin.

Le pont d'arbres. Un chiffre se dessine et s'applique à l'envers de mon front : 273 06. Je profère cela tout haut, et j'ai un choc de surprise, presque de honte, à m'entendre : cette locution est en marge de la réalité et pourtant, c'est le nom du lieu tel que l'a désigné le grand chef qui a créé ce pont avec une note sur un papier, après avoir anéanti les autres en trois coups d'ongle.

Je marche sur une chaussée plus dure. Le sol est feutré, mais la lune du projecteur accourt, et promène un éclairement polaire qui vient me balayer de son grésil étincelant. Le sol est semé de cristaux de lumière et de plâtras étoilés. Mais j'ai pu voir que je marchais sur des corps écrasés : les chasseurs à pied. « Les Boches ont bombardé la plaine de Vancouvert, mais ils se sont trompés. Il n'y avait là que quelques unités. » Jusqu'au bout, je serai poursuivi par le blasphème des mots! Je me souviens que j'ai remarqué le drapeau de ce bataillon à la parade où les généraux jetaient en musique leurs paroles de fourbes : « Vous serez tous libérés dans trois mois », en caracolant devant les carrés de troupes — quadrille illuminé par le soleil.

Un Allemand et un Français se sont débattus pour n'être pas noyés l'un par l'autre dans la terre. Ils se tiennent dans un inséparable silence, ces deux aigles brûlés. Entre eux, est une ressemblance qui ne finira plus jamais. Ils se ressemblent à crier. Quand inventera-t-on le moyen de faire apparaître sur l'écran du ciel cette ressemblance! J'entends en moi une musique qui est à la fois une marche funèbre et un hymne de guerre, et qui est plus belle que tout ce que je pouvais imaginer avant elle. Quand sortirons-nous des âges où les couleurs des uniformes déteignent sur la peau des hommes!

Le pays est plat autour de moi : des champs, des champs de betteraves qu'on a abandonnées dans la terre et qui sont mortes et creusées de pourriture comme des glandes. L'infection compacte de ce champ tuberculeux me remplit la tête.

La piste, la ruine limoneuse qui me serre par ses ornières, a l'air d'être l'entrée d'un village. Voilà que ma destinée aboutit à quelque chose qui n'est plus : une rue morte, un village mort.

Bruit d'attelage, fouet, jurons — et coupant l'étendue en longueur où je vague sur une dépouille de route, file de droite à gauche, et disparaît, le croupion d'une charrette de sabbat ou d'une prolonge d'artillerie. Un être s'y débat, enchaîné. C'est un mort, un monstre à la pâleur phosphorescente. Je le vois qui fuit, adossé à la vitesse, en gigotant aux cahots.

Les abords du village sous la pluie de cendres. Dans les plus sublimes poèmes de désespoir, dans les décors les plus majestueux que les grands poètes ont abattus sur le papier, il n'y a rien de pire que cette étendue terne où mes pieds heurtent des récifs. Une petite colline de débris laissés par les campements et les caravanes, — comme partout, comme toujours — os, épluchures, ustensiles transpercés par l'usage ou cassés et blessants; tessons aiguisés, rondelles rouillées. Autour de la nappe animale et minérale, jouent des gamins. Non, plus d'enfants; c'étaient des spectres...

Une mare sur la place, et au milieu, une fontaine carrée. Cette fontaine qui s'est noyée elle-même, a pour compagnie un commencement d'arbre. La colonne rompue d'un arbre qui n'a plus de toit. Dans mon village, il y avait un tronc d'arbre très pareil, avec une niche et une déesse dont le silence bleu répondait aux prières..

C'est le village, c'est lui. Je sais où je suis. Je suis chez moi. Il fait froid. Je n'ai jamais quitté mon chemin.

Tous les chemins aboutissent là. Et

on doit bien les voir jusqu'au fond, les chemins vides, fourmillants de silence, dans l'écorchement de la région : le réseau par quoi est partie la vie et venue la mort, les chemins qui finissent toujours mal.

Ce corps avec, jetés autour de lui, ses gestes singuliers qui sortent du cadre des gestes, a été déterré par quelque fourche crochue de foudre, et mêlé au bois mort. Qu'est-ce que cela lui fait! Ce ne sont plus les corps qui sont fragiles, ce sont leurs tombeaux.

Les murs des enclos sont disloqués et festonnés en files de corps blêmes. Des ruines sont blanches et neuves; sur d'autres, l'incendie a imprimé son grand soir. Des arbres? L'un vient de se poser là, immense, effiloché, puis tremble et s'enfuit courbé.

Pourtant, presque plus de canonnade, plus de mouvement, plus rien. Je regrette le mort qui est passé au galop et m'a laissé. Tous les reliefs, tous les revêtements sont noirs. C'est l'heure du jour — non, c'est l'heure du destin — où tous ont le même uniforme noir.

Les maisons, en rang, sont tombées dans les caves et les jardins. Les maisons sont des sépulcres de maisons entourées de grilles, ce sont des plans de maisons qu'on déchiffre; vous voyez que vous franchissez le seuil, mais rien ne vous le dit.

Elle a encore ses soubassements, la cruauté d'un cadre, ses bords déchirants, cette chambre jetée hors d'elle-même, cette chambre du froid. Je m'y avance, le pied lent, les bras en avant, gauche, embrassant le vide de toutes les chambres vides à la fois. Le deuil est si grand qu'il m'est personnel.

Des cadavres peuplent les ruines. Des tas font des simulacres de groupes. Je m'assois sur une pierre. Fatigué de souffrir, on crée de la douceur. A force, l'ombre apporte une espèce de lumière et le silence apporte des voix. Ceux qui sont ici ne sont pas ceux qui y durèrent, puisque ce sont des soldats (tous les soldats sont étrangers dans les maisons, même dans leurs familles), mais comme ils se ressemblent tous, les grands inconnus humains!

C'est ici qu'il y a la cuisine (le débris d'évier comme un débris d'autel, et le plafond a neigé dessus), la prison des légumes amoncelés : les poireaux, tibias à barbe de ficelle, les tomates, outres d'humidité teinte, le chou-fleur cérébral, et le long concombre qui porte tout cela sur son dos de rugosité fraîche, comme un crocodile, et la marmite à la mince lèvre vernissée, mouillée. Ici, à l'écart, on revoit aussi la robe de vermeil de la cuisinière, et le ronron intelligent du feu enfermé. L'horloge presque saignante avec son angelus parlé. Dans la chambre, le jeune ménage; les meubles neufs comme le soleil levant.

Il y a une lettre qui bat et frémit par

terre. Une lettre de soldat : ce papier sans doute a été souillé et violé par les jésuites en uniformes, par les froides mains qui rampent autour de la conscience des foules.

Les corps qui sont autour du mien, ils sont plus laids les uns que les autres. Devant les couleurs en putréfaction, j'évoque la nuit intime que le soir pétrissait dans la chambre. Dans la couleur grise comme dans la bise, j'évoque le rose, la couleur tiède ; un corps nu de femme à travers les voiles.

Je sens une odeur de violettes. Il y a quelque part, en bas de l'assombrissement bâti là, des touffes qui pensent. Et sur des pierres cassées, un volubilis habille complètement une ortie.

Je suis resté à rêver longtemps... Je me sens tenu par une main ; ce voisin n'était pas mort quand je suis venu, et il est mort en me tenant puisqu'il serre un pan de ma veste. J'écarte ses doigts. Toute la masse retombe en arrière. Lorsqu'un être meurt devant vous, il semble tout d'un coup que par miracle on le connaissait et on l'aimait depuis longtemps.

Celui-là, il a la bouche ouverte. On voit bien qu'il crie. Je le soulève! Son poids me montre la force de sa tendresse qui trônait au milieu de ses enfants.

Celui-là, dans l'encoignure de la chambre noyée par les espaces, de la chambre dont la tiédeur fut violemment extirpée, il est nu. On voit son ventre, ses organes. On voit plus loin que son ventre : on voit trembloter et luire la pieuvre de ses entrailles. Il n'est pas sûr que les ongles de sa main n'étreignent pas la matière même de son cœur.

Il ressemble à tous. J'entends sa voix. Que dit-elle? Ce que disent les voix. Elle dit : « Toi »...

Oui, chacun est toujours tué, à la longue. Mais on est fait pour vivre le plus possible, — pourtant, c'est aux ruines peuplées par des assassinés, que j'aboutis dans le soir d'aujourd'hui et des âges, sans quitter mon chemin.

Dans la direction de la rue, s'avance une apparition droite et noire. C'est

une femme en deuil, une veuve, une
mère aux longs nuages noirs. La face
est terrible, affreusement blanche, et
aussi grimaçante que la mort elle-
même. Mais cette blancheur, c'est son
mouchoir qu'elle applique sur sa figure
pour séparer sa douleur du monde autant qu'elle le peut. On ne voit plus que
cette tache blafarde dans les ténèbres de
cette créature.

Je marche vers elle. Les monticules
qui remplissent et dévastent les lieux
me font zigzaguer. A mon approche,
elle se déforme, se fend, son âme de-
vient du vent. Ce n'est plus une
femme, c'est un buisson avec un haillon sombre et un haillon blanc qui se
sont accrochés dessus et remuent : Rien

ne remue plus ici, que les choses. C'est une illusion. Elle n'est pas là, cette femme en deuil : elle est partout. Mon regard se porte avec elle partout. Elle n'est pas une illusion ! — avec sa chair de pénitente et de suppliciée, ses genoux endoloris de mère qui cognent les dalles du sol comme pour appeler sourdement, et entr'ouvrir le monde des morts. Tant de soldats, et tant de mères qui ont souffert pour les mettre au monde — pour rien ; tant de femmes inutilement éventrées, et même qui ignorent, comme des folles, la hideur de leurs morts. Et personne ne pourra comprendre le nombre des morts.

Partout, le chemin creusé par les départs. Partout, le père emmené, sur qui s'appuyait la maisonnée. Lui parti, elle chancelle et tombe. « Il le faut! » — « Oui! » — « Il faut aussi qu'on sourie : c'est beau! » — « Oui! ». Partout, comme autrefois, les idoles. Le totem de l'aigle ou celui du coq. Nos civilisations, ce sont des mensonges et des mots. Les Allemands et les Français, tous les noms d'hommes, ce sont des mots — et des mensonges.

J'ai beau fuir, la puanteur me rattrape et me caresse. Nous sommes à la fin des âges. Le monde est à bout, usé par la guerre, malgré l'entêtement à vivre du large peuple vague. Tous les noms propres deviennent des noms de batailles, les écriteaux d'une destruction, d'une défaite de pauvres. On rencontre à chaque pas, dans les villes, l'enseigne criante du crime des victoires.

Depuis les déluges, la masse humaine est de plus en plus vaincue. Telle est la forme de suicide que prend la fin du monde, — aux yeux d'un fuyard en qui se réveillent les charniers, qui, la tête baissée, regarde ses mains sombres qui lui font l'effet d'être rougies.

Des souvenirs de mon insignifiante existence m'assaillent. Le vieux homme qui tremblotait près du feu dans sa chambre misérable et telle qu'il y en a des millions, et qui disait : « Il n'y a plus de sacrifices humains », le petit bourgeois nul et à vue basse qui en parlant ainsi se changeait en bête malfaisante... Mon père, le vénérable professeur qui disait : « Les sublimes exigences de la race », et faisait du mot : « Nous », le plus haïssable des mots. Ma mère l'infirmière qui ornementa avec de la vertu l'idée de la guerre... Je les maudis tous; je maudis mon père et ma mère!

Voici s'approcher le Perron, le sanctuaire que l'ennemi ne bombarde jamais (tacite réciprocité).

Je n'ai plus qu'à traverser les faubourgs de baraques crues, pleins de bourdonnements et de silhouettes, qui font dans l'immense district une foire que chaque nuit allonge par quelque pan : Les ambulances — les croix rouges dessinées avec les baïonnettes sur la peau des baraques, — les bureaux, les magasins, l'Intendance, les Étapes, les ateliers, les sections techniques, tous les services annexes, la cité factice, de bois et de papier, où se centralise, s'enregistre et se multiplie, l'industrie de destruction — la ville de cancer.

Des nègres postés en armes. En me voyant ils font le geste d'embrocher, et leur mâchoire moud avec un rire : « Soldats français ! ». Ils sont là, à la lisière des opérations, pour empêcher la fuite du matériel humain — c'est-à-dire pour tuer les soldats français qu'ils voient. Je traverse cette file de monstres enchaînés et déchaînés avec le cliquetis de leurs griffes d'acier et de leur rire ténébreux. L'un d'eux, au bout, tousse. On comprend, mieux que lui, ce que dit cette plainte-là. Cette autre face, tellement ouverte par un bâillement que c'est un anneau de bronze, je la connais de toujours ; cela ne me donne pas le change, l'oripeau de couleur qui passe avec les époques sur la statue en airain de l'esclave.

Je suis rentré dans la cabane du commandement.

A travers le tohu-bohu de la victoire, on a amené au maître un prisonnier : un espion ennemi — officier déguisé en soldat français et qui s'était glissé ici. Comme il est officier, par courtoisie, on l'a laissé libre sur parole. Il a repris sa structure d'officier : tous les tron-

çons de sa personne durement emboî-
tés, il présente le fixe et raide hommage
charnel de la position réglementaire —
aristocratique et chic (ces messieurs du
premier Bureau le constatent à voix
basse), à travers sa mise de pauvre.

— Je serai beau joueur, dit le général, je vous fais grâce!

Le grand chef allait et venait fébrile-
ment pendant qu'il parlait. A un moment, son dos a disparu parmi des dos
et je l'ai confondu avec les autres, puis
il est revenu sur ses pas. Pourquoi est-
il le despote et le répartisseur de la vie
et de la mort, ce vieux monsieur à la
figure médiocre qui ressemble triste-
ment à tant de ses contemporains?

— Je vous remercie, mon général,

dit sobrement l'officier allemand en un pur français, et d'une voix où per-çait le sens le plus parfait de la hié-rarchie.

— Vous n'avez pas à me remercier, ober-lieutenant. Je ne fais que me con-former aux traditions chevaleresques de la France.

Émotion, coquetterie. Ils ont échangé un coup d'œil, ils n'ont pu s'empê-cher d'échanger un trait d'union, ces deux hommes de même espèce, qui ap-partiennent — comme c'est visible — à la même catégorie d'acteurs sur le théâ-tre universel.

Le capitaine Fontanges, élégant et fougueux, s'écrie :

— Il a été téméraire, ce Boche, et

moi j'aime la témérité par-dessus tout. Après tout, on a besoin de nobles ennemis !

Il piaffe — le cheval gallo-franc ! J'ai déjà vu que les plus nettes originalités des peuples, ce sont leurs ridicules — et que par-dessus les identités humaines, on ne peut mieux montrer les caractéristiques nationales que par la caricature.

— C'est plus émouvant encore, me souffle dans un coin un camarade, que lorsque tout à l'heure le général a remis lui-même la croix d'officier de la Légion d'Honneur au colonel Malen qui avait absolument voulu que son régiment fût désigné pour progresser dans la région du triangle gamma où on savait qu'une mine était préparée — la mine a tué quarante-sept hommes exactement : ça valait bien une rosette ! — ou bien quand il a donné l'accolade au général Bédorez, commandant l'Artillerie, pour montrer qu'il n'attachait pas plus d'importance qu'il ne convient à toutes ces histoires de tirs trop courts du 75, ces critiques ayant énervé manifestement ce bon Bédorez. Un général ne peut pas être tenu comme responsable de ce qui se fait de travers sous ses ordres. Il n'est responsable que des bons résultats, n'est-ce pas ?

Dans le coin rayonnant, le général dictait le communiqué :

— ... Nos pertes sont légères, un point.

Silence. Ils sont heureux et légers eux-mêmes de ces pertes légères.

— 2.500 hommes, dit à mi-voix le Chef d'État-Major, la plume en suspens.

— C'est trop, sans doute... Mais ce n'est pas beaucoup.

Il se trouve quelqu'un pour reprendre la phrase que se répète le plus souvent le haut commandement pendant une guerre : « On ne fait pas d'omelette sans casser des œufs. »

— 2.500? dit le général. N'écrivez pas. Écrivez : 1.500, ce sera ainsi : 1.500. C'est bien assez.

Ces étranges paroles eussent semblé une plaisanterie si elles avaient été proférées ailleurs que dans un sanctuaire.

Nous savons très bien qu'il n'y aura pas de fuite et que ce chiffre sera, en effet, le chiffre historique, définitif, que nul ne pourra plus jamais modifier.

Je m'irrite contre ces gens. Dans le passé, les moines disposaient des événements sous la dictée de leurs supérieurs. Le militarisme imite la machination religieuse; mais, plus encore, les militaires ressemblent par leurs faces et dans leurs têtes, aux hommes à soutane.

Je les observe tous avec une précision, une froideur hostile... Cet officier anglais et son masque de propreté, ce lieutenant étincelant de trophées épinglés — un par victime — son taximètre sur la poitrine. Et celui-là, là-bas, dans le groupe, cet officier que je ne connais pas, très chamarré aussi, très décoré, brillant, charmant, qui se démène, rit, et parle très fort. Je n'entends que la fin de son colloque avec le Chef d'État-Major qui a l'air penaud devant lui. Levant les bras en l'air, en un geste vif, aisé et mondain, d'impuissance, le nouveau venu s'écrie :

— Mais non, pas d'ordre écrit, je ne peux pas vous en donner, voyons!

Il rit.

— Je conseille simplement le bras séculier pour le maintien du moral. Je dis ce que j'ai vu, rien de plus, rien de moins.

Il y avait une nuance de menace très nette dans la jolie voix sonore. Le Chef d'État-Major baissa la tête. On sentait qu'il se passait quelque chose qui répugnait à sa droiture simpliste. Mais ce n'était pas lui — ni le général même — qui aurait pu tenir tête à ce missionnaire confidentiel à cinq galons, au légat secret du ministère.

J'ai dû secouer les épaules, serrer les poings, et observer haineusement tous ces princes enivrés de leur subit pouvoir absolu. A ce moment même, j'ai senti se clouer sur moi le regard du lieutenant Lecto. J'ai quitté ma place, mal à l'aise d'être épelé par cet être glacé, à l'immobilité de saurien.

Je me dirige vers le Plan Directeur. Je veux le voir après ce que j'ai vu. J'effleure l'officier rapporteur qui gagne rapidement la porte. Il a obtenu une permission qu'il va consacrer aux amours. Ses pas sont d'une légèreté ailée, et il sourit déjà.

Le Plan Directeur... Il y en a deux côte à côte, tout pareils!

L'un bordé d'une bande tricolore; l'autre d'un liseré noir et rouge : un plan trouvé dans un poste d'État-Major allemand, un trophée.

La ressemblance de ces deux cartes en relief est frappante. Voici les deux tables de jeu qui ont servi à faire le grand coup, celle du gagnant et celle du perdant, les deux appareils dont les combinaisons se sont transposées là-bas, là-bas, dans l'immensité saignante.

Et alors, l'irritation qui bouillonne
en moi contre ces hommes-ci, je la con-
damne, je la fais taire. La réalité dépasse la rancune qu'on a.

Ce sont les ennemis des soldats, mais
ils sont dans leur rôle.

Ils ont raison, les agents d'exécution
qu'ils sont du haut en bas de l'échelle.
Ils ont raison d'avantager de toutes
manières les gradés qui organisent, en-
cadrent, et animent, le troupeau de
guerre. Ils ont raison d'entretenir d'il-
lusions l'ouvrier manuel des batailles,
d'éliminer en cachette et sans recours,
avec des armes, le mécontentement et
l'esprit d'examen, de dissimuler aux
sacrifiés l'étendue des sacrifices, de
considérer les soldats comme des sol-

dats de plomb, ou même comme des pions, ou même comme des points géométriques, de triturer la réalité ou de mentir — d'exercer leur métier militaire dans toute son ampleur, toute sa brutalité et toute sa perfidie.

Le général a été mis ici pour réussir une attaque qui coûte un milliard, et il a réussi. Ils ont raison, de ne plus savoir ce qu'ils disent, de ne plus savoir ce qu'ils font, puisqu'ils obéissent, et que tout leur obéit.

✻ ✻ ✻

Un homme est venu, que quelques-uns ont nommé et dont on parle : M. Clément Massard. Le général est allé au-devant de lui et l'a accueilli avec

un empressement et même une défé-
rence qui n'ont échappé à personne.

On lui a montré le communiqué. Il a
fait ajouter dans une phrase le mot
« patriotique ». Il a visité en auto quelques tronçons de route. Il a été voir les
morts, piloté par le général qui s'est
excusé de la mauvaise odeur : « Que
voulez-vous, ce n'est pas de leur faute à
ces pauvres gens ! ». Il manifeste une
prétention qui déplaît aux jeunes officiers et les fait sourire, car il est ridi-
cule avec son extinction de voix, sa face
à la peau glabre bondée de globules
blancs et les deux cercles d'or — bi-
joux dégoûtants — qui lui plantent les
dents dans la bouche... Il semble en
vérité, dit-on, qu'il est dans son do-

maine. On croirait qu'il vient contempler son œuvre!

Il parle peu. Il a dit cependant avec sa voix râpée par la laryngite chronique : « Guerre du Droit, Patrie, Démocratie » et : « Le bonheur des uns est fait du malheur des autres. » Il s'est attendri aussi à voir un soldat lamper de l'alcool dans son quart : « Bois, mon ami, bois un peu d'illusion! » lui a-t-il dit affectueusement.

Savent-ils à qui ils ont affaire? Les plus avertis, les mieux initiés, peuvent s'en douter, situer l'homme à l'immense fortune mondiale, celui qui a réussi par-dessus les autres, qui marche sur toutes les têtes, qui domine le reste, même les gloires militaires ; pour qui un commandant de Corps d'Armée ou un ministre de la Guerre est un petit fonctionnaire qu'on met en place, et qui est, dans le cadre fantastique de la civilisation, en personne, Attila.

Par-dessus tous, il a raison, l'être qui a forcé les autres à voir sur lui un reflet divin et à lui obéir pour des raisons magiques; lui qui a domestiqué la nature et les hommes, et toute l'industrie arithmétique, déesse des abattoirs, et la science, et la religion, et la morale, et généralisé, au milieu des louanges, l'assassinat ; qui, alors que chaque homme de la foule porte tout son avoir avec lui et n'a qu'une mort au bout de lui, — dépense des millions d'hommes, et vit des millions de morts. Il a raison, puisqu'on lui obéit, que dans les taudis, les cabanes et les chaires, tous les automates répètent : « Il n'y a plus d'esclaves, plus de tyrans ». Il n'y aurait, pour avoir plus raison que lui, que les hommes qui se lèveraient un jour ensemble dans un grand réveil de sagesse et de colère, et lui casseraient la tête.

FIN

E. GREVIN — IMPRIMERIE DE LAGNY — 8-1930.

www.ingramcontent.com/pod-product-compliance
Ingram Content Group UK Ltd.
Pitfield, Milton Keynes, MK11 3LW, UK
UKHW021527080726
13613UKWH00008B/351